10대를 위한

직장의 세계

스토리텔링연구소 지음

4 연구소

(주)삼양미디어

　"인간은 사회적 동물이다"라는 말을 한 사람이 아리스토텔레스 (Aristoteles)라고 흔히 알고 있지만, 아리스토텔레스는 "인간은 정치적 동물(zoon politikon)이다"라고 말했습니다. 그러나 이 말 역시 결국 인간이 사회의 자식이며, 사회 공동체의 형성자라는 것을 뜻합니다.

　사회적 동물(social animal)이란 인간이 개인으로서 존재하고 있어도 세상에 오직 혼자만 존재하는 것이 아니라, 끊임없이 타인과의 관계 속에 존재하고 있다는 생각에서 나온 용어입니다. 즉, 개인은 사회 없이는 존재할 수 없다는 것입니다.

　앞서 만든 〈10대를 위한 직업의 세계 시리즈〉는 다양한 진로, 진학, 적성, 취향 검사 방법 중에서도 세계적으로 가장 큰 공신력을 가지고 있고 한국에서도 가장 많은 검사 장소(온·오프라인)를 보유하고 있는 홀랜드 기법의 권위와 보편성에 바탕을 두고 기획하고 집필·개발하였습니다.

　홀랜드 기법을 통해 보편성에 내 적성을 맞춰보고, 또 오랫동안 살아남은 직업을 들여다보면서 내 진로를 택하는 것에는 큰 무리가 없습니다. 그러나 직업이란 것이 앞서 말한 것처럼 개별적으로 존재하는 가치나 독단적 행위나 방법이 아니라, 집단과 개인, 조직과 개인, 사회와 개인, 더 나아가서는 국가와 개인의 결합 구조를 가지고 있다는 점을 들여다봐야 합니다. 이 말은 내가 어떤 직업을 가지고 있다는 것은 유사한 직업의 또 다른 개인, 관련성 있는 직업의 또 다른 개인과 상호 접촉하는 교집합의 세계를 공유하고 있다는 말입니다.

　결국 직업이란 경제적 목적과 자아 실현을 이루기 위해서 개인과 개인, 개인과 집단이 교집합을 이루고 상호 유기적으로 움직이는 사회생활의 방식입니다. 그래서 우리는 흔히 자신의 직업을 말할 때 "무슨 일을 한다"라고 말하기도 하지만, "어디에서 일한다"라고 말하기도 하는 것입니다.

하지만 지난 20년간의 청소년 진로 관련 책자 어디에서도 '어디에서 일한다'는 것을 근거로 책을 출간한 경우는 없었습니다. 해당 분야, 관련 분야, 대학의 학과 및 계열에 따른 분류가 있었지만, 어디에서 일한다는 직장을 근거로 한 책은 찾을 수 없었습니다.

〈직장의 세계〉는 여기에 방점을 두었습니다.

우리가 학교를 졸업하고 사회생활을 위해서 택하는 것은 직업이지만, 그 직업이 살아 움직이는 공간은 결국 직장입니다. 과거의 모든 직업과 진로 관련 책은 단지 어떤 나무가 되는 법에 대한 것만을 들여다보았지, 숲에서 한 그루의 나무로 살아가는 법을 알려주지는 못했습니다.

최근 인문학의 새로운 붐은 바로 이런 인간과 인간의 이해와 관계 설정에 대한 부족함과, 사회생활에서 만나는 개인과 집단의 불편함을 해결하려는 자연 발생적 기현상이라고 보아도 좋을 것입니다.

전작인 〈10대를 위한 직업의 세계〉가 결국 개인의 직업(業)이 가진 깊이에 대한 논의였다면, 이번에 제안하는 〈10대를 위한 직장의 세계〉는 그런 다양한 직업이 함께 어울려 살아가야 하는 넓이와 그물망 같은 연결의 시냅스, 곧 장(場)의 이해를 돕는 책이 될 것입니다.

– 스토리텔링연구소 〈이야기는 힘이 세다〉

차 • 례

연구소 이야기

세계적으로 유명한 연구소들

우리나라의 과학 기술 연구기관

우리나라의 사회 과학 연구기관

연구소에서
일하는 사람들

자연 현상을 연구 대상으로 하는 학문을
자연 과학이라고 하고, 인간 사회의 여러
현상을 과학적ㆍ체계적으로 연구하는 학
문을 인문 사회 과학이라고 한다.

이처럼 연구소는 크게 자연 과학 분야와
인문 사회 과학 분야의 두 갈래로 나눌
수 있다. 큰 갈래를 따라서 우리나라의
연구소 상황을 살펴보기로 하자.

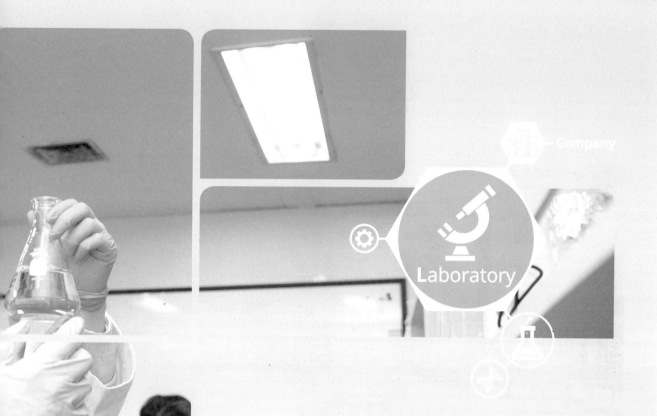
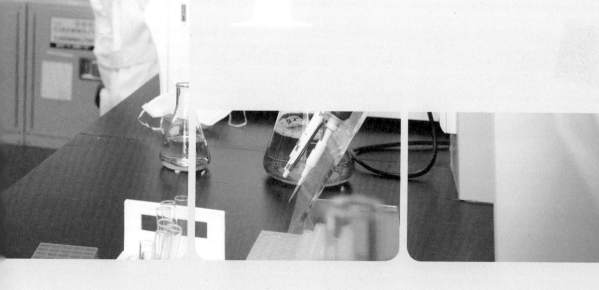

Laboratory

~ Company

I 연구소 이야기

01

연구소란?

'연구소'란 어떤 대상에 관한 연구를 전문적으로 하는 기관을 말한다. 즉 아직 알려지지 않은 사실이나 법칙을 과학적 방법으로 발견하고, 새로운 현상과 기존의 법칙 관계를 설명하며 우리 삶에 적용하는 것을 목적으로 한다. 우리나라의 대표적인 연구소로는 국립과학수사연구소, 한국원자력연구소, 임목육종연구소, 국문연구소 등이 있다. 또한, 전문 분야별로 연구하기 위하여 설치한 기관으로 '연구원'도 있다. 한국과학기술연구원, 한국개발연구원, 한국경제연구원 등이 이에 해당한다. 이런 연구소나 연구원에서 행해지는 연구의 형태는 크게 문헌 연구와 관찰 연구로 구분하기도 하고, 이론 연구와 실천 연구로 구분하기도 한다.

연구소를 학문 영역별로 세분하자면 크게 자연 과학 분야와 인문 사회 과학 분야로 나눌 수 있으며, 이것을 다시 각 학문 영역별로 세분할 수 있다.

연구소를 조직 형태별로 분류하면 국제기구에 포함된 연구소, 몇 개의 국가들이 연합한 연구소, 정부 기관으로서의 연구소, 준정부 기관에 속하는 연구소, 정부와 민간이 공동 운영하는 연구소, 대학 또는 학교에 부설된 연구소, 재단 법인을 가지는 연구소, 회사 기타 민간 기업체의 연구소, 개인 연구소 등이 있다. 세계적으로 유명한 연구소로는 미국의 항공우주국, 브루킹스

◆ 산림청 산림약용자원연구소

연구소, 미국기업연구소, 헤리티지 재단, 멜론 연구소 등이 있으며, 영국의 그리니치 천문대와 과학기술연구원, 프랑스의 파스퇴르 연구소, 독일의 막스플랑크 협회, 일본 도쿄 대학의 각 연구소(물성연구소 및 생산기술연구소 등)를 들 수 있다. 이처럼 전 세계적으로 대규모의 국립 및 민간 연구소가 광범위한 영역에서 거대한 연구 활동을 활발히 전개하고 있다.

1. 연구소 및 연구원 현황

앞서 말한 대로 연구소는 크게 자연 과학 분야와 인문 사회 과학 분야로 나눌 수 있다. 자연 현상을 연구 대상으로 하는 학문을 자연 과학이라 한다. 자연 과학의 고유 분야로는 크게 물리학 · 화학 · 생물학 · 천문학 · 지학이 있다. 그중 지학은 다시 지질학 · 지구물리학 · 지구화학 · 지리학 등으로 분류된다. 이와 비교해서 인문 사회 과학이란 인간 사회의 여러 현상을 과학적 · 체계적으로 연구하는 학문으로, 경제학, 경영학, 문헌정보학, 법학, 사회복지학, 사회학, 인류학, 정치학, 지리학, 커뮤니케이션학(신문방송학), 행정학, 관광학, 교육학, 심리학, 언어학, 역사학, 군사학 등이 있다.

연구개발 종사자 일반 현황

연구개발 종사자 (단위: 명)

주체별(2)	주체별(2)	소계	연구원	연구보조 · 기능	기타지원
총계	소계	624,910	460,769	112,391	51,750
공공 연구 기관	소계	55,157	36,280	11,126	7,751
	국 · 공립	10,442	4,987	4,117	1,338
	정부출연	31,932	23,031	4,291	4,610
	지방자치단체출연	2,044	1,252	388	404
	기타비영리	8,818	5,889	1,667	1,262
	국 · 공립병원	321	301	6	14
	사립병원	1,600	820	657	123
대학	소계	185,737	103,166	54,463	28,108
	국 · 공립	76,840	41,325	22,134	13,381
	사립	108,897	61,841	32,329	14,727
기업체	소계	384,016	321,323	46,802	15,891
	정부투자기관	3,811	2,802	479	530
	민간기업	380,205	318,521	46,323	15,361

연구개발 종사자 전공 현황

주체별(2)	주체별(2)	공학	의학	농학	인문학	사회과학	기타
총계	소계	56,710	312,987	26,347	11,378	24,734	28,613
공공 연구 기관	소계	6,451	19,022	2,044	3,049	467	5,247
	국·공립	1,127	760	295	2,433	130	242
	정부출연	4,224	13,882	680	356	144	3,745
	지방자치단체출연	134	585	27	66	48	392
	기타비영리	729	3,766	254	154	144	842
	국·공립병원	6	8	262	8	–	17
	사립병원	231	21	526	32	1	9
대학	소계	15,609	35,374	20,413	4,679	10,513	16,578
	국·공립	7,059	15,498	6,470	3,616	3,061	5,621
	사립	8,550	19,876	13,943	1,063	7,452	10,957
기업체	소계	34,650	258,591	3,890	3,650	13,754	6,788
	정부투자기관	227	2,382	41	38	30	84
	민간기업	34,423	256,209	3,849	3,612	13,724	6,704

연구개발 종사자 학위 현황

주체별(2)	주체별(2)	박사	석사	학사	기타
총계	소계	99,980	132,595	200,189	28,005
공공 연구 기관	소계	18,462	13,571	3,904	343
	국·공립	2,652	1,813	453	69
	정부출연	12,812	8,324	1,764	131
	지방자치단체출연	621	463	163	5
	기타비영리	1,970	2,613	1,216	90
	국·공립병원	73	126	102	–
	사립병원	334	232	206	48
대학	소계	59,876	37,565	4,737	988
	국·공립	22,422	15,728	2,639	536
	사립	37,454	21,837	2,098	452
기업체	소계	21,642	81,459	191,548	26,674
	정부투자기관	789	1,222	758	33
	민간기업	20,853	80,237	190,790	26,641

연간 연구비 사용 현황

연간사용연구비 (단위: 백만원)

주체별(2)	주체별(2)	소계	연구원 1인당 (단위: 천원)
총계	소계	69,405,530	150,630
공공 연구 기관	소계	9,113,171	251,190
	국·공립	746,585	149,706
	정부출연	7,140,749	310,049
	지방자치단체출연	113,265	90,468
	기타비영리	992,805	168,586
	국·공립병원	11,928	39,627
	사립병원	107,839	131,510
대학	소계	6,339,888	61,453
	국·공립	2,874,488	69,558
	사립	3,465,400	56,037
기업체	소계	53,952,471	167,907
	정부투자기관	805,427	287,447
	민간기업	53,147,044	166,856

※ 출처: 미래창조과학부, KISTEP, 연구개발활동조사보고서, 2016

2. 우리나라와 세계 주요국의 연구 개발 투자 현황

2014년 기준으로 우리나라 총연구 개발비는 63조 7,341억 원으로 투자 규모로는 세계 6위이다. 2005~2014년 10년간 연구 개발 투자는 꾸준히 증가했으며, GDP 대비 연구개발비 비중도 전년 대비 0.14%p 증가한 4.29%로 세계 1위이다. 우리나라와 세계 주요국의 연구개발비 비중과 상황을 비교해 보면, 연구소라는 분야에 대한 직업 전망을 다소나마 예측해 볼 수 있다.

우리나라 연구개발비 및 GDP 대비 연구개발비 비중

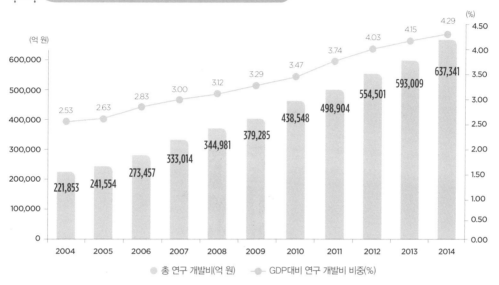

● 총 연구 개발비(억 원)　　● GDP대비 연구 개발비 비중(%)

주요국의 연구개발비 및 GDP 대비 연구개발비

구분	한국 (2014)	미국 (2013)	일본 (2013)	독일 (2013)	프랑스 (2013)	영국 (2013)	중국 (2013)
연구 개발 투자(억$)	605.3	4,569.8	1,709.1	1,064.4	626.2	435.3	1,912
배율(한국＝1)	1.0	7.5	2.8	1.8	1.0	0.7	3.2
GDP비 비율(%)	4.29	2.73	3.47	2.85	2.23	1.63	2.08

※ 출처: OECD, Main Science and Technology Indicators 2015-1 (미래창조과학부 · KISTEP, 2014년도 연구개발 활동조사 결과)

◀ 한국과학기술원 (KIST)

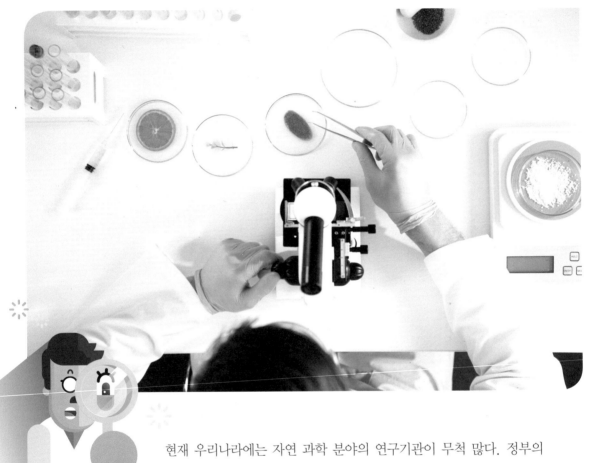

자연 과학 분야의 연구소

Laboratory

02

현재 우리나라에는 자연 과학 분야의 연구기관이 무척 많다. 정부의 지원을 받아 활발히 활동하는 연구소에는 한국과학기술연구원(KIST), 한국기초과학지원연구원(KBSI)과 한국천문연구원(KASI), 한국생명공학연구원(KRIBB), 한국과학기술정보연구원(KISTI), 한국한의학연구원(KIOM), 한국생산기술연구원(KITECH), 한국전자통신연구원(ETRI), 한국건설기술연구원(KICT), 한국철도기술연구원(KRRI), 한국표준과학연구원(KRISS), 한국식품연구원(KFRI), 한국지질자원연구원(KIGAM), 한국기계연구원(KIMM), 한국항공우주연구원(KARI), 한국에너지기술연구원(KIER), 한국전기연구원(KERI), 한국화학연구원(KRICT), 한국원자력연구원(KAERI) 등이 있다.

한편, 자연 과학 연구소에는 정부에서 지원하는 곳
(출연 연구소) 외에도 기업에서 만든 부설 연구소
가 있다. 기업 부설 연구소는 기업이 자체적으
로 만들어서 운영하는 연구소는 물론 기술 개
발 업무를 수행할 수 있는 연구 개발 전담 부서까지
포함한다. 정부에서는 기업의 과학 기술 분야 또는 지
식서비스 분야의 연구 개발 활동을 촉진하기 위해 일정 요건을 갖춘 기업 부설 연구소와
연구 개발 전담 부서를 신고받아 인정해 주고 각종 조세, 관세, 자금 지원 및 병역 특례
등의 혜택도 부여하고 있다.

1. 정부의 지원 및 인력 현황

　정부 기관으로서 자연 과학 연구소를 지원하는 기관은 과학기술정보통신부이다. 과
학기술정보통신부는 국가의 과학 기술정책을 담당하는 주무 부처로서 기초 연구와 세
계 수준의 독창적인 원천 기술 개발과 연구에서 나온 결과물을 활용하여 기업에 기술을
이전하는 것까지 지원하고 있다. 또한, 신약 개발, 뇌 연구, 극지 연구, ICT(정보 통신 기
술)·BT(생명공학 기술)·NT(나노 기술)와 이들을 융합한 기술 개발 등 여러 방면의 과학
기술 연구 개발 업무를 이끌고 있다.

　과학기술정보통신부는 자연 과학의 연구 환경 구축 및 안전, 그리고 과학 기술 인재
양성을 위해 대덕연구개발특구(이하 대덕특구)를 적극적으로 지원하기도 한다. 대덕특
구는 정부가 출연한 국가 연구기관은 물론 대기업과 중소기업의 연구소들이 밀집해 있
는 우리나라 최대의 연구 단지인 대덕연구단지와 대덕 테크노밸리, 대전 산업단지 등을
함께 묶어 이르는 명칭이다. 이는 더 나은 연구 환경을 조성하기 위한 정부의 투자라고
할 수 있다. 또한 과학기술정보통신부는 우리나라 우주 기술 분야 및 원자력 연구와 방
사선 기술 개발도 맡고 있다. 다양한 형태의 인공위성 개발, 한국형 발사체와 달 탐사선
개발 등 우주 강국으로 나아가기 위한 정책까지도 현재 착실히 추진되고 있다.

2. 자연 과학 기술 연구의 성과

　1970년대부터 시작된 자연 과학 분야의 꾸준한 연구로 우리나라는 발
전에 발전을 거듭해 왔다. 이는 과학 기술이 대한민국 발전에 초석이 되
어 왔다는 증거이며, 국가의 성장 동력이 되어 왔음을 말해 준다. 과학 기술 분야에
대한 물리적·인적 투자로 인해 우리나라는 세계적으로도 경쟁력을 갖추게 되었고 그
배경에는 바로 자연 과학 분야 연구소들의 숨은 노력이 있었다고 할 것이다.

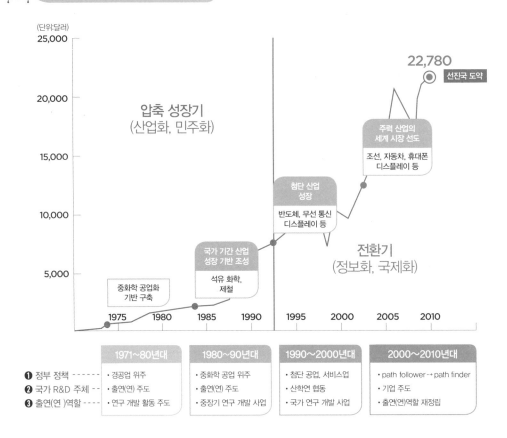

대한민국 발전의 초석이 된 과학 기술

(단위:달러)

압축 성장기
(산업화, 민주화)

22,780 ⊙ 선진국 도약

주력 산업의
세계 시장 선도
조선, 자동차, 휴대폰
디스플레이 등

첨단 산업
성장
반도체, 무선 통신
디스플레이 등

전환기
(정보화, 국제화)

국가 기간 산업
성장 기반 조성
석유 화학,
제철

중화학 공업화
기반 구축

	1971~80년대	1980~90년대	1990~2000년대	2000~2010년대
❶ 정부 정책 -----	• 경공업 위주	• 중화학 공업 위주	• 첨단 공업, 서비스업	• path follower → path finder
❷ 국가 R&D 주체 --	• 출연(연) 주도	• 출연(연) 주도	• 산학연 협동	• 기업 주도
❸ 출연(연)역할 ----	• 연구 개발 활동 주도	• 중장기 연구 개발 사업	• 국가 연구 개발 사업	• 출연(연)역할 재정립

과학 기술로 성장 동력 창출

	80년대	90년대	현재
반도체(D램)	정부 집중 육성 4M / 16M DRAM	민간 주도 R&D 64M / 256M DRAM	세계시장 1위 시장 점유율 73.5%(2012)

	90년대 초반	90년대 중반	현재
휴대폰	정부 주도 R&D CDMA 기술개발	시장 확대 시장조성 / 확대지원	세계시장 1위 시장 점유율 25.9%(2012) *스마트폰 포함

	70년대	80~90년대	현재
조선	정부 주도 기반조성 선박연구소 설립 대학의 인력 강점 확보	민간 R&D 투자 지속 시장조성 / 확대지원	세계시장 1위 시장 점유율 35%(2012) *수주량 기준

	90년대	00년대 초반	현재
디스플레이	산학연 공동 R&D R&D Seed Money 제공	민간의 과감한 투자 세계수준 양산체제 구축	세계시장 1위 시장 점유율 50.1%(2012)

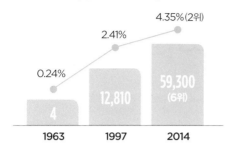

[총 연구 개발 투자]

4.35%(2위)

2.41%

0.24%

59,300
(6위)

12,810

4

1963 1997 2014

● 총 연구 개발비(백만 달러)   ● GDP 대비 비중(%)

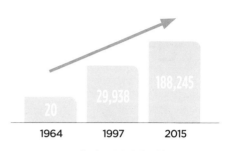

[정부 연구 개발 예산]

188,245

29,938

20

1964 1997 2015

● 정부 연구 개발 예산(억 원)

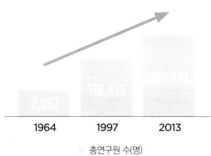

[총연구원 수]

2,962

138,438

1964 1997 2013

● 총연구원 수(명)

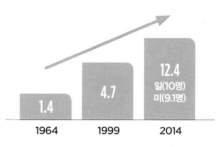

[경제 활동 인구 천 명당 상근 연구원 수]

12.4
일(10명)
미(9.1명)

4.7

1.4

1964 1999 2014

● 경제 활동 인구 천 명당 상근 연구원 수(명)

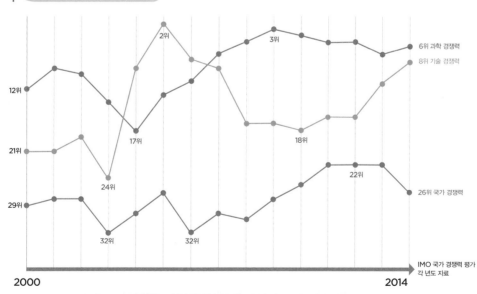

6위 과학 경쟁력
8위 기술 경쟁력
26위 국가 경쟁력

12위
21위
29위

2위
17위
24위
32위
32위

3위
18위
22위

IMO 국가 경쟁력 평가
각 년도 자료

2000 2014

- IMO 국가 경쟁력 보고서 내 2014년 과학 경쟁력은 6위, 기술 경쟁력은 8위
- 과학 기술은 국가 GDP(14위)와 국가 경쟁력(26위)을 견인하고 있음

※ 출차: 미래창조과학부 2014년도 연구개발활동조사보고서

03

인문 사회 과학 분야의 연구소

    인문 사회 과학 분야의 연구기관은 자연 과학 연구기관 못지않게 다양하다. 과학기술정책연구원(STEPI), 국토연구원(KRIHS), 건축도시공간연구소(auri), 대외경제정책연구원(KIEP), 산업연구원(KIET), 에너지경제연구원(KEEI), 정보통신정책연구원(KISDI), 통일연구원(KINU), 한국개발연구원(KDI), 한국교육개발원(KEDI), 한국교육과정평가원(KICE), 한국교통연구원(KOTI), 한국노동연구원(KLI), 한국농촌경제연구원(KREI), 한국법제연구원(KLRI), 한국보건사회연구원(KIHASA), 육아정책연구소(KICCE), 한국여성정책연구원(KWDI), 한국조세재정연구원(KIPF), 한국직업능력개발원(KRIVET), 한국청소년정책연구원(NYPI), 한국해양수산개발원(KMI), 한국행정연구원(KIPA), 한국형사정책연구원(KIC), 한국환경정책·평가연구원(KEI) 등이 있다.

1. 정부의 지원 및 인력, 예산

인문 사회 과학 분야의 연구소를 지원하는 정부의 출연 연구기관에는 경제인문사회연구회(NRCS, National Research Council for Economics, Humanities and Social Sciences))가 있다. 경제인문사회연구회는 경제와 인문 분야의 정부 출연 연구기관을 육성하고 이들의 성과를 높이기 위해 다양한 지원 활동을 벌인다. 이를 위해 연구회는 연구기관의 발전 방향을 기획하고 각 기관의 신설이나 통합, 해산 등을 조정하는 역할을 한다. 또 연구기관의 연구 실적 및 경영 내용에 대한 평가를 진행하며, 협동 연구가 원활히 이뤄지도록 지원하는 일을 맡고 있다.

2. 인문 사회 과학 연구소의 역사

사회 과학이란 인간의 활동과 그 활동이 모여 만들어지는 사회가 어떻게 작동하고, 변화하는지 연구하는 학문이다. 사회 과학(social science)이라는 단어는 독일의 학문 전통에서 따온 것으로 넓은 의미의 과학에 포함된다. 독일의 경우 모든 학문을 과학으로 분류하기 때문이다.

사회 과학 중 순수 학문의 성격이 강한 분야는 정치학, 경제학, 사회학, 심리학을 들 수 있다. 이 학문은 각기 고유 영역을 분명하게 가지고 현재도 발전하고 있으며 다른 학문에도 영향을 끼친다. 특히 심리학과 경제학은 자연 과학적인 방법론을 적극적으로 사용한다. 응용 학문의 성격이 강한 분야로는 행정학, 정책학, 경영학, 커뮤니케이션학, 사회복지학 등이 있다.

자연 과학의 경우 어떤 자연 현상을 설명하든지 간에 이론 자체가 갈아엎어질망정 그 이론이 설명하는 자연 현상 자체는 변하지 않는다. 천동설과 지동설처럼 이론이 바뀔 수는 있지만, 지구가 자전과 공전을 한다는 것 자체의 변화는 없다는 말이다. 그러나 사회 과학은 이론이 설명해야 할 현상인 인간 행동이나 사회 현상의 메커니즘이 시대와 장소에 따라 얼마든지 바뀔 수 있고, 시대가 빠르게 변화하면서 이전에는 없었던 현상이 갑자기 생겨나기도 한다. 가령 세계화와 정보화의 진전으로 그 이전까진 없었던 범세계적이고 동시다발적인 사회 운동이 발생한다든가, 사회가 고도로 복잡해지면서 나타나는 심리적 불안감 등이 그것이다. 이 때문에 사회 과학 이론은 시대에 발맞춰 끊임없이 변화되는 특징이 있다. 그러나 모든 이론이 변하는 것은 아니다. 예를 들어 우리가 잘 아는 '수요와 공급의 법칙' 등 변하지 않는 이론도 있다. 이런 이론들은 자연 과학의 이론에 견주어도 방법론과 항상성(恒常性, 늘 한결같은 성질) 측면에서 크게 다를 게 없는데, 그 까닭은 사회는 급변할지언정 인간 본연의 특성은 쉽게 변하지 않기 때문이다.

세계 각국에는 자국의 이익 추구에서 그
치는 것이 아니라, 인류의 번영과 행복에
도움이 되는 연구에 매진하는 유명한 연
구소들이 많이 있다.

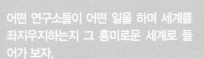

어떤 연구소들이 어떤 일을 하며 세계를
좌지우지하는지 그 흥미로운 세계로 들
어가 보자.

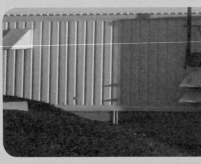

Company

Laboratory

Ⅱ

세계적으로
유명한
연구소들

01
세계적으로 유명한 연구소들

1. 미국항공우주국

　전 세계적으로 잘 알려진 미국항공우주국(NASA, National Aeronautics and Space Administration)은 미국 워싱턴에 있는 정부 기관으로 일명 나사(NASA)라고 한다. 지구 대기 안팎의 우주 탐사 활동과 우주선에 관한 연구 및 개발을 위해 1958년에 창설되었다. 산하에 많은 연구소를 두고 있으며, 미국 내에 본부(워싱턴)와 17개의 시설, 세계 각국에 40개의 관측소가 있다.

　미국항공우주국은 크게 5개의 부서로 되어 있다. 첫째 장비를 개발하는 항공우주기술부, 둘째 우주와 태양계 및 지구의 기원·구조 등을 다루는 우주 과학 및 응용부, 셋째 유인·무인 우주 수송과 우주 왕복선 관련 문제를 다루는 우주 비행부, 넷째 자료 수집

과 관련된 우주 추적 및 자료부, 다섯째 유인 우주 정거장 건설 관련
장기 계획을 수행하는 우주 정거장부가 그것이다.

미국항공우주국은 1969년 닐 암스트롱이 달에 첫발을 내디딘
'아폴로 계획'의 성공을 시작으로 바이킹호(화성), 매리너
호(수성), 보이저호(목성ㆍ토성ㆍ천왕성) 등의 무인 우주
계획을 통해 태양계 행성을 탐사했다. 또한 유인 우
주선으로 지구 주위 궤도에서 과학 실험을 하는
'스카이랩 계획'을 실시하기도 했고, 지구의 다양한 정보를 얻기 위해 많은 실용위성을
개발하고 발사했다. 그 밖에 재사용이 가능하게 설계된 우주 왕복선도 개발했다. 그러
나 1981년부터 2011년까지 30년 동안 진행되어 온 스페이스 셔틀 프로그램으로 불리
는 미국의 우주 왕복선 프로그램은 2011년 7월 아틀란티스호의 33번째 우주 비행을 마
지막으로 막을 내렸다. 그중에는 1986년 25번째 임무에 나선 챌린저호가 이륙 73초 만
에 폭발해 승무원이 전원 사망하는 사고도 있었다.

2. 영국 그리니치 천문대

영국 1675년 찰스 2세가 천문 항해술을 연구하기 위해 런던 교외 그리니치에 설립
한 그리니치 천문대(Greenwich observatory)는 태양ㆍ달ㆍ행성ㆍ항성의 위치 관측에
주력하여 많은 공적을 남겼다. 1884년 워싱턴 국제회의에서는 그리니치 천문대를 지나
는 자오선을 '본초 자오선'으로 지정하여 경도의 원점으로 삼았다. 그런데 1930년대에
런던 시가지가 스모그와 먼지로 대기 오염이 심해지고, 고층 건물의 불빛과 네온사인
등으로 천체 관측에 어려움이 있게 되자 1945년 영국 정부는 천문대를 그리니치 남쪽
서섹스 주 허스트몬슈로 이전하였다. 1970년에는 카나리아 제도의 라팔마스로 옮겨 관
측 업무를 수행하였다. 1990년에 천문대 본부를 케임브리지로 옮겼으나 그리니치 천문
대라는 명칭은 계속 사용하고 있다. 과거 천문대에 있던 많은 장비들은 영국국립해양박
물관에 전시되어 있다.

○ 버락 오바마 미국 대통령의 브루킹스 연구소에서의 연설

3. 미국 브루킹스 연구소

1927년에 설립된 미국 사회 과학 연구소인 브루킹스 연구소(Brookings Institution)는 미국 대내외 정책의 전반을 연구하는 종합 연구소로서 비영리 민간 기구이다. 연구소 이름은 창립자인 로버트 브루킹스의 이름을 따서 지었으며, 본부는 워싱턴 D.C.에 있다. 미국의 싱크탱크로 불리는 이 연구소는 미국기업연구소(AEI), 헤리티지 재단과 함께 미국의 정책 입안에 가장 큰 영향을 미치는 3대 연구소로 꼽힌다. 브루킹스 연구소는 진보적인 성격을, 헤리티지 재단은 보수적인 성격을 띠는 연구소다. 미국의 경제, 사회 과학, 외교 정책 등을 연구·교육하여 국가의 정책 수행에 건설적으로 공헌하고, 사회 과학도에게 학문적 훈련을 제공하고 있다. 1930년대 뉴딜 정책과 유엔 탄생, 마셜 플랜, G20까지 수많은 정책 아이디어를 생산해 내며 세계 최고의 싱크탱크로 자리 잡은 브루킹스 연구소는 크게 경제, 대외 정책, 세계 경제와 개발, 공공 경영, 도시정책 등을 연구하는 조직으로 나뉜다. 산하에 수십 개의 연구 센터가 있기도 하다. 진보적인 성향답게 민주당계 인사들이 주로 참여해 진보적 정책을 연구·발표하고 있으며, 연구결과가 가장 많이 인용되고 있다. 가장 활발하게 연구가 이루어지는 분야는 미국의 대외 정책, 경제, 정부와 통치, 국제 경제와 개발, 메트로폴리탄 정책이다.

브루킹스 연구소의 특징은 한꺼번에 많은 금액을 한 기업으로부터 기부받지 않고 적은 금액을 많은 수의 기업으로부터 기부받는 등 독립성을 지키기 위한 노력을 함께 하고 있다는 것이다. 2012년 기준 연구원 수는 비상근 연구원을 포함하여 1만여 명이며, 1년 예산은 1억 3,200만 달러(약 1,460억 원)이다. 그리고 전체 운영비의 80%가량이 각종 재단과 기업, 개인들에게서 나온 기부금이다. 브루킹스 연구소 출신의 유명 인사로는 수전 라이스 유엔대사, 핵 전문가인 아이보 달더, 2008년 국무부 부장관으로 발탁된 제임스 스타인버그 등이 있으며, 한편 2006년부터 8년간 미국 중앙은행을 이끈 벤 버냉키 전 의장은 현재 브루킹스 연구소의 상근 연구 위원이다.

4. 미국기업연구소

미국기업연구소(AEI, American Enterprise Institute)는 정부 역할의 축소와 자유 시장의 옹호를 목표로 설립되었다. 공식 이름은 '공공정책연구를 위한 미국기업연구

소'(American Enterprise Institute for Public Policy Research)이다. '기업'이란 단어가 붙은 까닭은 1943년 기업들의 이익을 정책적으로 대변하기 위해 미국기업협회라는 이름으로 출범했기 때문이다. 미국기업연구소는 경제와 보건 등 국내 분야와 대외 분야를 포함해 6개 주요 영역을 연구 과제로 삼고 있는데, '기업'이라는 이름과 달리 이 연구소에서 가장 많은 연구가 이루어지는 분야는 미국의 외교와 안보 분야라고 한다.

'네오콘', 즉 신보수주의자들의 이론적인 근거지라 할 수 있는 이 연구소 출신 중에는 미국 부시 행정부 시절 요직에 포진한 인사들이 많다. 체니 부통령이 이곳의 이사로 재직했고, 볼턴 차관도 수석 부소장을 지냈으며, '네오콘의 대부'라 지칭되는 어빙 크리스톨은 이 연구소의 고문이다.

5. 미국 헤리티지 재단

1973년 미국 의회 보좌관이었던 에드윈 풀너와 폴 웨이리치에 의해 워싱턴 D.C.에 설립된 연구 재단인 헤리티지 재단(The Heritage Foundation)은 자유 기업과 제한적인 정부, 개인의 자유, 전통적인 미국의 가치, 강한 국방 등을 기치로 내걸고, 보수적 성향의 정책을 형성하고 촉진하는 싱크탱크의 역할을 수행하고 있다.

◎ 헤리티지 재단의 한반도 문제 전문가인 브루스 클링너 선임 연구원

미국 역대 대통령마다 주목받은 연구소가 각각 있는데, 헤리티지 재단은 로널드 레이건(1981~1989년 재임) 전 대통령 재임 시절에 번성했다. 미국 국내외 정책과 관련해 정치·경제·안보·외교 등 175개 분야에 걸쳐 많은 전문가들을 두고 관련된 연구 및 교육 등을 다루고 있으며, 1995년부터는 해마다 '세계경제자유지수'를 발표하고 있다.

헤리티지 재단의 연구 범위는 정치·경제·안보·외교·복지 등 전 분야를 포괄한다. 그 가운데서도 특히 미국의 감세 정책, 자유 무역, 미국의 전통 가치 존중, 미국 국민의 복지 증진, 미국 주도의 세계 안보 등에 중점을 둔다. 미국의 전략방위계획(SDI) 이론, 북대서양조약기구(NATO)와 서구 동맹 체제의 공고화 이론 등도 모두 헤리티지 재단에서 나온 것이다. 2000년 11월 출범한 부시 정부도 헤리티지 재단의 연구결과를 정책에 반영했을 있을 정도로 미국의 보수주의 정책에 미치는 영향력이 크다.

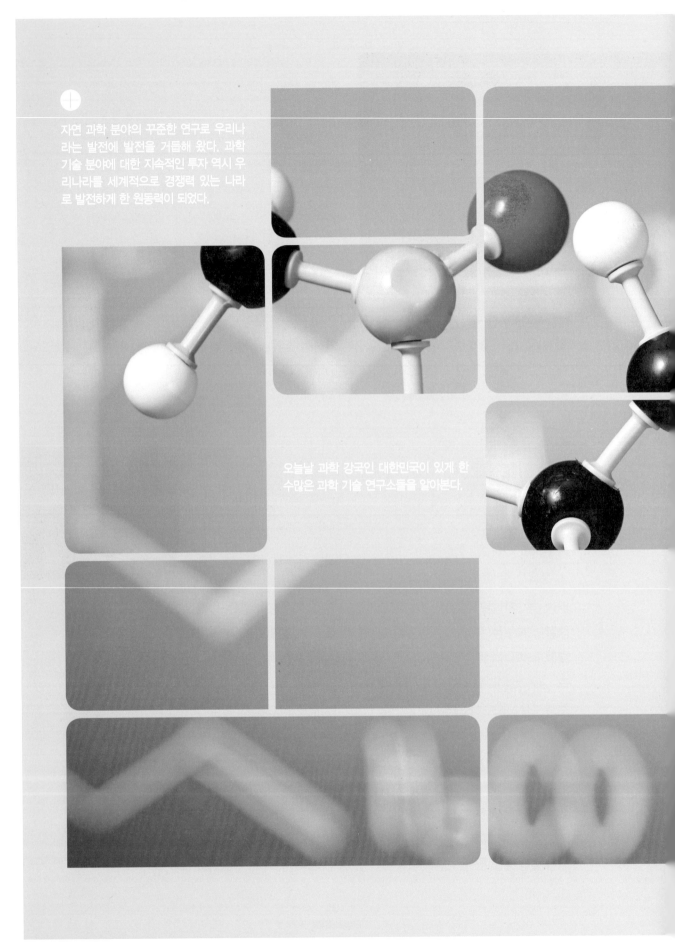

자연 과학 분야의 꾸준한 연구로 우리나라는 발전에 발전을 거듭해 왔다. 과학 기술 분야에 대한 지속적인 투자 역시 우리나라를 세계적으로 경쟁력 있는 나라로 발전하게 한 원동력이 되었다.

오늘날 과학 강국인 대한민국이 있게 한 수많은 과학 기술 연구소들을 알아본다.

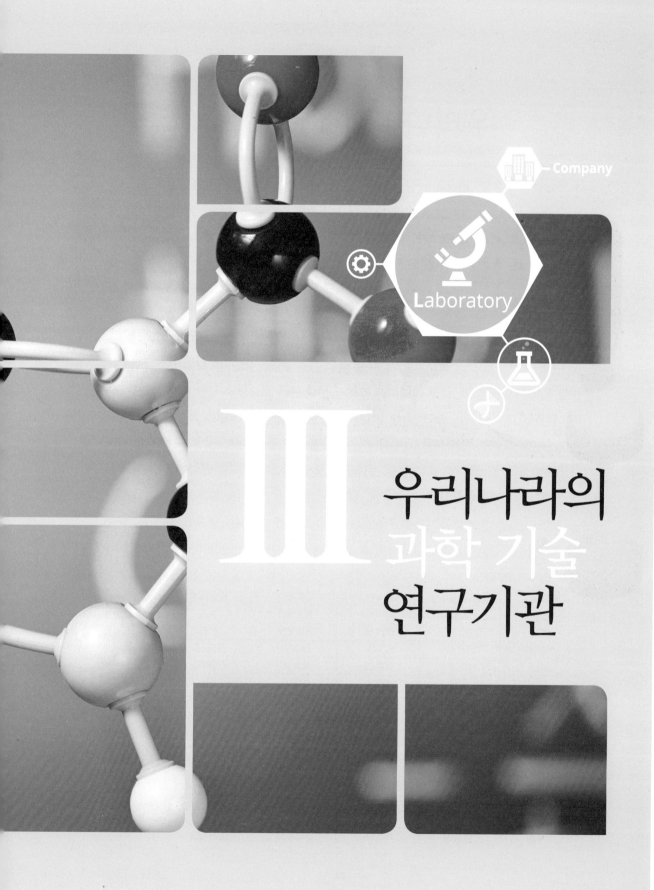

Company

Laboratory

III

우리나라의 과학 기술 연구기관

01
우리나라의 과학 기술 연구기관

△ KIST 한국과학기술연구원 강릉 분원 천연물연구소

1. 한국과학기술연구원(KIST)

한국과학기술연구원(KIST, Korea Institute of Science and Technology)는 정부 출연의 과학 기술 연구기관으로 1966년 한국과 미국 양국 정부의 지원을 받아 서울에 설립되었다. 원천 기술을 개발하고 과학 기술 저력을 키우기 위한 기초과학과 응용과학을 연구하며, 국내외 연구 기관과 학계, 산업계와의 협동 연구를 수행하고 그 성과를 널리 알리기 위해 노력하고 있다.

설립 초기인 1960~1970년대에는 산업계에 대한 기술 지원과 선진 기술의 추격 연구 등 산업 기술을 개발하고 보급하는 데 역점을 두었고, 1980대에는 신기능 소자, 바이오 센서, 생체 재료 등 미래 첨단 핵심기술과 창의적 원천 기술의 개발을 담당했다. 2000년대부터는 복합 소재 관련 연구소(전북 분원)를 설치하기도 했다.

주요 내부 연구 조직으로는 뇌과학연구소, 의공학연구소, 녹색도시기술연구소, 로봇·미디어연구소 등이 있으며 뇌과학과 의공학 기술 개발, 지속 가능한 에너지와 환경 기술 개발, 신산업 창출을 위한 소재·시스템 기술 개발 등을 하고 있다.

최근 연구 성과를 살펴보면, 콘택트렌즈형 지속·자가 구동 헬스 모니터링 플랫폼 기술 개발, 3차원 영상 뇌 분석 기술, 알츠하이머성 치매 치료 후보 약물 기술 등을 개발했다. 또한, 저비용 나노 소재 제조 시뮬레이션 개발과 나노 입자를 이용한 암 조기 진단 기술을 개발한 바 있다. 그 밖에 초고속 천연물 탐색 시스템(iHTac) 운영과 유기 태양 전지 대량 생산 및 수명 향상 기술을 개발했고, 극저온 액화 시스템 및 복합단열 저장 용기 개발, 미세 조류를 이용한 바이오 플라스틱 생산 기술 개발, 열로 작동하는 초고속 메모리 개발, 초정밀 미세수술 로봇 개발, 어패류 '타우린'의 알츠하이머병 치료 효과 규명, 무안경식 3D 디스플레이 기술 개발 등에 성공했다.

2. 녹색기술센터(GTC)

녹색기술센터(GTC, Green Technology Center)는 2013년 서울에 설립된 한국과학기술연구원 부설 연구기관이다. 주요 업무는 국가 녹색기술의 연구·개발 및 정책을 기획하고 실행하며, 녹색기술 분야의 국제 협력 체계를 구축하여 우리나라 녹색기술 성과의 확산을 이끌고 있다. 아울러 해외 우수 녹색기술 연구기관과의 공동 협력을 통해 녹색기술의 경쟁력을 높이는 종합 정책을 기획하여 지원하고 있다. 녹색기술 수준이나 동향분석 통계 관리, 미래 녹색기술 예측 등의 연구도 수행하고 있다.

3. 한국기초과학지원연구원(KBSI)

줄여서 '기초연'이라고 부르는 한국기초과학지원연구원(KBSI, Korea Basic Science Institute)은 1988년 대전에 설립된 교육과학기술부 소속(현 교육부) 연구기관이다. 설립 목적은 국가 과학기술 발전에 기반이 되는 기초과학의 진흥을 위한 연구 지원 및 공동 연구이며, 주요 업무는 첨단 대형 연구 장비를 구축·운영하며 연구를 지원하고, 공동 연구와 분석과학 연구를 통해 기술을 개발하는 것이다. '기초연'이 기존 연구기관과 차별화되는 점이 있다면 연구 시설과 장비, 분석과학 기술 관련 연구와 개발, 국가 연구 시설과 장비를 관리한다는 것이다. 더 나아가 전문 인력 및 창의적 미래 인재를 양성한다. 본원 외에 지역 센터 10개, 부설 연구소 2개를 두고 있다.

그동안의 연구 성과로는 세계 최초로 고신축성 전도체를 개발했고, 고해상도 생체 영상 기술을 개발했다. 양이온성 유기 나노 점토와 광촉매를 활용한 미세 조류의 수확 및 파괴를 동시에 기술 개발했으며, 알츠하이머의 치료 조기 진단법 개발을 비롯해 치료 약물 스크리닝 등에 필요한 연구 기반을 제공했다.

4. 국가핵융합연구소(NFRI)

국가핵융합연구소(NFRI, National Fusion Research Institute)는 2005년 대전에 설립된 한국기초과학지원연구소 산하 연구기관이다. 설립 목적은 이름 그대로 핵융합로 건설 및 핵융합 에너지 상용화 기술의 개발에 있다.

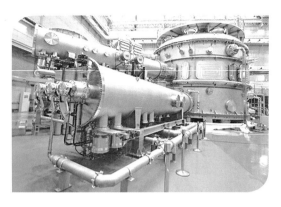

● KSTAR의 주장치

주요 업무는 핵융합과 플라스마 과학 연구 및 연구 장치 공동 활용, 국제핵융합실험로(ITER), 2007년 핵융합 기술을 이용하여 평화적인 목적의 핵융합 에너지를 생산하기 위한 연구 개발 사업인 한국사업단이 출범했다.

연구 성과로는 KSTAR(한국형 핵융합연구장치)를 통한 고성능 운전조건(H모드)에서의 장기간 운전 기반을 확보했으며, 핵융합 상용화를 위한 장시간 운전 핵심기술의 역량을 강화한 것이다. 또한, 고성능 운전조건(H모드) 및 고전류에서 45초간 운전에 성공했는데, 이는 세계 최고 수준으로 인정받고 있다.

5. 한국천문연구원(KASI)

'천문연'이란 약칭을 가진 한국천문연구원(KASI, Korea Astronomy and Space Science Institute)은 1974년 대전에 설립된 연구기관으로 우리나라 천문 분야를 연구하는 대표적인 연구소다. 설립 목적은 천문 우주 과학 발전에 필요한 학술 연구와 기술 개발의 수행·보급과 천문 우주 과학 기술 분야의 전문 인력을 양성이다.

● 한국천문연구원 우주환경감시실 전경

주요 업무는 천문학과 우주 과학에 대한 연구, 대형 천체 망원경과 같은 우주 연구 장비들의 관리 및 운영을 맡고 있다. 이와 관련해 천문연은 마젤란 망원경(GMT) 개발 사업에도 참여하고 있다. 한국천문연구원 등 세계 11개 기관이 참여하여 인류 역사상 가장 큰 크기의 광학 망원경이라고 부르는 거대 마젤란 망원경(GMT)을 제작하는 것이다. 망원경 하나에 1조 원이 들어가는 이 프로젝트는 2025년 완공이 목표이며, 칠레 아타카마 사막에 설치된다. 또한 해가 뜨고 지는 시각이나 천체 운행 자료를 이용한 달력 제작 등 우리 생활에 도움이 되는 여러 정보를 제공한다.

대표적인 연구 성과로는 세계 최초 '블랙홀 제트' 관측의 성공을 들 수 있다. 블랙홀 동반성(同伴星, 망원경으로 볼 수 있는 광학쌍성에서는 보통 무겁고 밝은 별을 주성(主星)이라 하며 A로 나타내고, 가볍고 어두운 별을 동반성이라 하며 B로 나타낸다)인 백조자리 X-3을 관측해 블랙홀 제트에 관한 이론을 증명했다. 블랙홀 제트란 블랙홀에 미처 빨려 들어가지 못한 물질이 블랙홀 주변을 회전하면서 만들어지는 원반에 수직 방향으로 물질이 분출되는 현상을 말한다.

한편 2008년부터 별과 우주에 관심은 있지만 체험 기회가 적은 학생들을 위해 이동 천문대 차량을 이용하여 직접 학교로 찾아가 천문 강연과 별과 우주 관측 기회를 제공하는 프로그램인 스타-카(Star-Car) 프로그램을 진행하고 있다. 이외에도 '대한민국 별 축제'를 통해 주·야간 천체 관측 행사와 우주의 신비함을 느낄 수 있는 천문학 강연 등 다양한 연령층이 천문 우주 과학을 쉽게 즐길 수 있는 다양한 체험 프로그램을 제공하고 있다.

6. 한국생명공학연구원(KRIBB)

한국생명공학연구원(KRIBB, Korea Research Institute of Bioscience and Biotechnology)은 1985년 대전에 설립된 연구기관으로 생명 현상에 대한 기초 연구 및 생명 과학 기술 분야의 연구 개발과 이를 지원하는 연구 사업 수행, 국내외 연구 기관·학계·산업계와의 협동 연구 수행 및 성과 보급을 목적으로 하고 있다. 생명공학이란 생명체의 고유한 기능을 이용하여 인간에게 유용한 생물이나 물질을 만드는 기술을 뜻한다. 이런 생명공학의 주요 연구 분야에는 인간의 질병 치료, 생물의 복제, 식량의 대량 생산 및 신약품 개발 등으로 인간 실생활과 비교적 가까운 연구들이 있다.

한국생명공학연구원의 주요 업무는 첨단 생명 과학 원천 기술을 연구, 개발하고 보급하는 것이다. 바이오 신약과 바이오 소재, 미래 융합 기술, 바이오 정보 분야를 개발하여 보급하고, 국내외 생명 과학 연구를 위한 인프라를 구축하고 지원하며, 전문 인력을 양성하고 있다. 그간 연구 성과에는 미래 바이오 융합 신기술 창출, 국가 녹색 성장을 위한 친환경 바이오 기술 개발, 맞춤 바이오 신약 개발, 활성산소로 인한 염증 조절 메커니즘의 규명 등이 있다.

7. 한국과학기술정보연구원(KISTI)

한국과학기술정보연구원(KISTI, Korea Institute of Science and Technology Information)은 1962년 설립된

연구기관으로 현재 대전에 있다.

설립 목적은 과학 기술 및 이와 관련된 산업 정보의 종합적인 수집 · 분석 · 관리이다. 현재 한국과학기술정보연구원은 정보의 관리 및 유통에 관한 기술 · 정책 · 표준화 등의 전문적인 조사와 연구를 하고 있으며, 과학 및 산업기술 연구 개발 인프라의 체계적인 구축과 운영을 돕고 있다.

△ KISTI 슈퍼컴퓨팅센터

주요 업무는 크게 정보 분석, 과학 기술 정보, 슈퍼 컴퓨팅 분야로 나뉜다. 정보 분석 분야에서는 국가 전략 기술의 정보를 분석하고 지원 체계를 확립한다. 또한, 선진 정보 분석 기법과 방법론을 개발하고 연구한다. 과학 기술 정보 분야에서는 국가 과학 기술의 지식 정보 유통 체계를 확립하고, 국내외 핵심기술 정보를 개발하고 수집하고 관리한다. 국가종합정보유통시스템의 구축 및 운영, 차세대 정보유통기술의 연구 개발 · 적용 등도 맡고 있다. 슈퍼 컴퓨팅 분야에서는 슈퍼 컴퓨팅 인프라를 개발하고 운영 체계를 확립하며, 고성능 슈퍼 컴퓨팅 시스템을 도입하여 제공하고 있다. 아울러 국가 초고속 연구망의 구축 및 운영, 사이버 R&D 응용 기술을 개발하여 적용하는 업무도 맡고 있다.

한국과학기술정보연구원은 최근 국가 초고성능 컴퓨팅 센터로서의 위상 및 역할을 강화했다. 슈퍼 컴퓨팅 활용 중소기업 제품 기술을 개발할 때는 기간을 63% 단축했고, 비용을 74% 절감했다. 또한, 세계 최고 수준의 비주얼 슈퍼 컴퓨팅 개발 CFD(전산유체역학) 분석 도구 국산화에 성공했으며, 빅데이터 플랫폼 기반 기후 변동 및 적조 탐지 연구와 해양 생태계 변화의 가장 중요한 요인과 변동성도 파악했다.

8. 한국한의학연구원(KIOM)

한국한의학연구원(KIOM, Korea Institute of Oriental Medicine)은 우리나라 전통의학인 '한의학'을 과학적으로 연구 · 분석하기 위해 1994년 대전에 설립된 연구기관이다. 한의학 이론 및 기술, 한의의료 행위 등에 대한 전문적 · 체계적 연구 개발을 수행하고, 그 성과를 확산해서 관련 산업을 육성하는 것을 목적으로 하고 있다. 한의학의 진단과 치료, 원천기술을 연구 개발하고, 한의학 지식 정보 인프라의

△ 한국한의학연구원 전경

구축과 국가 한의학 거점 역할 수행 등의 기능을 수행하고 있다. 그 밖에 한의학 콘텐츠

확산 및 세계화에도 노력을 아끼지 않고 있다.

연구 성과로는 안구 건조증, 알레르기성 비염, 안면 홍조 등의 침·뜸 치료 효능을 규명했고, 노인성·난치성 질환 예방 및 치료제를 개발했다. 또 당뇨 합병증, 비만, 골다공증, 피부 노화, 아토피 등의 예방 및 치료제를 개발하였다. 전통의학 고전국역 총서 발간, 전통의학정보포털(OASIS) 구축, '내 손 안에 동의보감' 애플리케이션 개발 등이 있다.

9. 한국생산기술연구원(KITECH)

한국생산기술연구원(KITECH, Korea Institute of Industrial Technology)은 소규모 및 중견 기업 지원을 위해 1989년에 설립된 정부 출연 종합연구기관으로 현재 본원은 충남 천안에 있다. 지역 특화 산업과 연계된 연구 및 기술 지원을 위한 지역기술지원본부(인천, 안산, 부산, 대구, 광주)가 운영되고 있다. 주요 사업은 첫째 주물, 금형, 열처리, 표면 처리·도금, 소성·성형, 용접·접합 등 6대 기초 기술을 연구 개발, 둘째 생산 시스템의 통합과 친환경화, 고효율화, 자동화·지능화 등을 위해 연구 개발, 셋째 신산업 창출을 지원하는 융·복합 생산 기술을 연구 개발, 넷째, 지역 분산형 기술 지원 체제를 통한 중소·중견 기업 기술 지원 등을 하고 있다.

중소기업 기술 지원 콜센터를 설치해 '중소기업 애로 기술 무료 상담 전화(080-9988-114)'를 운영하고 있으며, 맞춤형 기술 지원을 위한 연구원 현장 파견, 각종 인증사업, 연구원이 보유한 첨단 장비 대여 및 시제품 제작 사업 등의 지원 활동을 하고 있다.

최근 성과로는 2011년 세계 최초 에코 마그네슘 및 알루미늄 합금 기술 개발, 2014년 비정질 나노 박막 코팅 기술 개발, 에폭시 원천 기술 기업 이전, 일자리 창출형 가젤형 기업 발굴·육성 등이 있다.

10. 한국전자통신연구원(ETRI)

한국전자통신연구원(ETRI, Electronics and Telecommunications Research Institute)은 1976년 세워진 연구기관으로 현재 대전에 있다. 설립 목적은 통신 사업과 통신·전자 공업, 정보 산업과 관련된 분야의 발전을 이루고 이를 통한 국가 경제 발전에 기여함에 있다. 주요 업무는 방송 통신과 미디어 분야 연구 개발, 소프트웨어·콘텐츠 분야 연구 개발, IT 기반 융·복합 분야 연구 개발, IT 부품·소재 분야 연구 개발, IT 분야 정보 보호 및 표준화 연구, IT 분야 기술 사업화 및 중소기업 기술 지원, 기타

○ 2013년 스마트폰으로 조종하는 '무인발렛주차기술' 개발에 성공

기술정책 수립 지원, 시험평가 인증, 인력양성 등이 있다. 그 밖에 표준연구센터, 기술 정보센터, 편리한 사용자 인터페이스 및 연구원 정보화를 전담하는 정보화기반연구부 등을 운영하고 있다.

　연구 성과로는 조선과 IT 기술을 융합한 스마트 선박 기술(SAN) 개발, 4세대 이동 통신 LTE-Advanced 세계 최초 개발, 휴대용 자동 통역 기술 개발, 스마트폰 조종 무인주차 기술 개발, 사이버 영어 교사 'Genie Tutor', 스마트 매직윈도 TV, 모바일 비주얼 검색(MVS, Mobile Visual Search) 기술, 시각 장애인용 보행 보조 시스템 개발 등이 있다.

11. 한국건설기술연구원(KICT)

　한국건설기술연구원(KICT, Korea Institute of Civil Engineering and Building Technology)은 1983년 설립된 연구기관으로 현재 경기도 고양시 일산에 있다. 설립 목적은 건설 및 국토 관리 분야의 원천 기술을 개발하고 확산해서 국내 건설 산업의 발전에 기여하는 것이다.

　주요 업무는 국가 기반 시설 성능의 고도화, 국토 재해 대응 기술, 친환경 국토 조정 기술, 건설 기반 융 · 복합 기술, 고성능 건설 자재 기술 등이 있으며, 국가 건설 기술 정책수립과 산업계 기술 지원을 수행한다.

○ 3면 기반의 가상실증실험시설인 'BIM Room' 구축, 운영

그 밖에 건설 공사 및 기자재 품질 인증 검사 및 시험, 전문 인력양성 등의 업무도 수행한다. 한국건설기술연구원은 건설정책연구소, 도로연구소, 구조융합연구소, 지반연구소, ICT 융합연구소, 수자원·하천연구소, 환경·플랜트연구소, 건축도시연구소, 화재안전연구소, 미래융합연구소 등을 두고 있다.

최근의 연구 성과로는 비용은 적게 들고 수명은 긴 하이브리드 사장교 기술 개발, 대구경 해상풍력 발전용 모노파일 기술 개발, 자원·에너지 절약형 친환경 건축 및 도시 조성 기술 개발, 수문레이더 기반 홍수·폭설 재해 예측 및 경보 플랫폼 개발, 건축물의 성능 기반 화재 안전 기술 개발 등이 있다.

△ 실시간 차량 스캐닝 검사 시스템 개발

12. 한국철도기술연구원(KRRI)

한국철도기술연구원(KRRI, Korea Railroad Research Institute)은 철도 분야의 기술 개발 및 정책 연구를 통해 철도 교통의 발달과 철도 산업의 경쟁력을 강화하여 국가 및 산업계의 발전에 기여하기 위해 1996년 설립된 연구기관으로 현재 경기도 의왕시에 있다.

주요 업무는 고속철도, 일반 철도, 도시 철도 및 경량 전철 시스템 연구 개발, 차세대 대중교통 시스템 연구 개발, 철도 안전, 표준화, 철도 정책 및 물류 기술 연구 개발, 남북철도 및 대륙 철도 연계 기술 연구 개발, 철도·대중교통·물류 등 공공 교통 시스템 핵심 원천 기술 연구 개발, 중소·중견 기업 등 관련 산업계에 기술 지원 등을 한다. 그 밖에 시험평가 인증, 인력양성 등의 업무도 수행한다.

최근의 연구 성과로는 동력 분산형 차세대 고속철도 기술 개발, 무가선 저상 트램 기술 개발, 바이모달 트램 개발, 무선 통신 기반 열차 제어 시스템 표준 체계 구축 등이 있다.

♦ 한국표준과학연구원 수소안전연구동 상황실에서 연구원들이 초고압 수소재료 시험 진행

13. 한국표준과학연구원(KRISS)

한국표준과학연구원(KRISS, Korea Research Institute of Standards and Science)은 국가 측정 표준을 마련하여 과학기술과 산업 품질의 향상을 꾀하기 위해 1975년 설립된 연구기관으로 현재 대전에 있다. 그동안 국가 측정 표준 대표 기관으로서 우리나라 과학 기술 발전의 토대를 제공해 왔다. 또한, 국내 산업의 국가 측정 표준 품질을 국제적 수준으로 향상하는 데 기여했다.

주요 업무는 국가 측정 표준 확립 및 유지와 발전, 측정 과학 기술의 연구 개발, 측정 표준 보급과 서비스이다. 한국표준과학연구원은 국제적인 기준에 맞추어 측정 표준을 유지 및 확대하고, 새로운 측정 표준을 연구 개발함으로써 미래 산업을 선도하고 있다. 교정 · 시험 · 인증표준물질(CRM, Certified Reference Material)의 개발과 보급, 산업체 측정 전문 인력을 양성하고 있기도 하다.

연구개발부서는 첨단 연구, 고급 제품 생산과 상거래 질서 유지의 근간이 되는 국제 단위계의 기본 단위뿐만 아니라 유도 단위의 국가 표준을 확립하고, 유지 향상하며, 교정 서비스를 통해 보급하는 기반표준본부를 비롯해 차세대 측정 기술을 개발하여 미래 신산업 개척 및 산업 경쟁력 강화에 이바지할 목적을 가진 산업 측정 표준 본부와 삶의 질 측정 표준 본부, 미래 측정 기술부 등이 있다.

연구 성과로는 독자 기술로 개발한 세슘광펌핑원자시계, 차세대 표준시계인 이터븀 원자 광격자 시계 개발, 지름 1m 초경량 우주용 반사경 개발, 뇌기능 연결성을 볼 수 있는 뇌파 자기공명 장치 개발, 위성 카메라용 초정밀 거울 개발 등 국가 주력 산업 지원 등이 있다.

14. 한국식품연구원(KFRI)

한국식품연구원(KFRI, Korea Food Reserch Institute)은 식품 분야의 산업 원천 기술 개발 및 기술 지원, 연구 개발의 공익기능 강화 등을 통해 국민의 식생활과 삶의 질 향상, 식품 산업 및 농림수산업의 경쟁력 강화에 기여할 목적으로 1987년 설립된 연구 기관으로 현재 경기도 성남시 분당에 있다. 업무는 크게 연구 사업, 정책 및 기술 지원 사업, 대외협력 사업으로 나눌 수 있다. 연구 사업에는 농·축·수산물의 가공·저장·유통 기술 개발, 식품 과학의 기초 연구 및 첨단 기술 개발, 전통 식품의 대량 생산 기법 개발, 식품 가공 자동화 기계·시스템 개발 및 포장재 개발, 국내외 식품 산업의 기술 현황, 시장성, 경제성에 대한 조사·연구 등이 있다. 정책 및 기술 지원 사업에는 가공식품 표준화(KS) 사업 및 전통 식품 품질 인증 사업, 전통 식품 국제식품규격위원회(CODEX) 규격화 사업, 축산물 품질 검사 및 위생 교육, 산지 가공·유통업체에 대한 기술 지원, 수출 식품의 영양 표시 지원, 식품의 자가 품질 검사 지원, 식품 분야의 산업재산권 진단·평가 등이 있다. 대외 협력 사업에는 석·박사 학위 과정 운영, 국내외 관련 기관과의 기술 협력 및 공동 연구 등이 있다.

그동안 한국식품연구원은 식품과 관련하여 많은 연구 성과를 이루었다. 청국장의 당뇨 예방 효능 규명, 막걸리에서 항암 물질 파네졸 최초 발견, 고추장의 매운맛 등급 표준화, 짠맛 조절 물질 개발, 수면 증진 소재 개발, 수박의 라이코펜 추출 및 수용화 기술 개발, 청결 위생 고춧가루 제조 시스템, 미곡종합처리장 표준 모델, 생강 세척 및 박피기술 개발, 해로운 미생물 신속 검출 기술, 곰팡이 독소 신속 검출법 등을 개발했으며, 최근 초음파를 활용하여 돼지의 심장 근육으로부터 단백질을 추출하는 기술을 개발했다.

15. 세계김치연구소(WIKIM)

세계김치연구소(World Institute of Kimchi)는 김치의 원료와 제조 공정, 미생물 및 발효에 관한 연구, 김치의 저장과 유통·포장·위생에 이르기까지 김치 관련 분야의 연구 개발을 종합적으로 수행하여 국가 기술 혁신을 주도하고 국내 김치 산업을 식품 산업의 대표적인 성장 동력 산업으로 육성·발전시킬 목적으로 지난 2010년 광주광역시에 설립된 한국식품연구원 부설 기관이다.

주요 업무는 민간 업체가 수행하기 어려운 발효 조절 기술, 저장 기술 등 김치와 관련된 핵심 원천 기술을 개발하여 보급하고, 김치의 재료인 배추의 종류와 시험 생산, 김치 가공 산업 발전을 위한 연구도 수행하고 있다. 김치 유산균을 활용한 치매 예방, 항바이러스 물질 등 고부가가치 기능성 물질 개발에도 힘쓰고 있다. 또한 김치의 수출 촉진, 해외 현지화를 위한 전략 개발, 마케팅 지원 및 홍보를 한다. 한 예로

2011년 중국 쓰촨의 식품 발효 회사인 파오차이 연구소와 공동으로 '현대 김치 산업에 관한 한·중 과학 기술 포럼'을 개최하는 등 발효 기술 교류와 김치 세계화를 위한 국제 교류 활동을 펼쳤었다. 그 밖에 김치의 우수성에 대한 과학적 규명, 김치 관련 산업의 전문 인력양성, 관련 기술정책 수립 지원 등의 업무도 하고 있다.

최근의 연구 성과로는 김치 유산균의 인체 내 생존율 확인을 위한 '인체 장 모델 시스템'을 구축했고, 외국인들이 김치를 싫어하는 요인인 자극적 냄새 저감화 기술을 개발했다.

16. 한국지질자원연구원(KIGAM)

◎ 모니터링 시스템을 통한 지진파 분석

한국지질자원연구원(KIGAM, Korea Institute of Geoscience and Mineral Resources)은 국내외 지질 조사와 연구를 지원하고 기술 개발을 통해 국민의 삶에 도움을 주고 국가발전에 기여하고자 1976년 설립된 연구기관으로 현재 대전에 있다. 주요 업무로는 지하자원의 확보 기술 연구 개발, 지질 재해와 기후 변화에 대응하는 원천 기술 개발 지원, 지질 자원의 기반 정보 구축 및 지반·지하 공간의 효율적 이용 연구 개발 등이 있다. 그 밖에 기술정책 수립 지원, 시험평가 및 인증, 전문 인력양성 등이 있다.

그동안의 연구 성과로는 동해 가스 하이드레이트 매장 확인, 석유·가스 탐사 2D·3D 기술 자립, 자원 부국 광물 자원 포털 사이트 구축, 자원 재활용 고도화 기술 확립, 국가지진자료센터와 KSRS 등 지진 통합 관측망 운영, 제주도 청정·대용량 지하수 확보 등이다. 최근 발생한 경주와 포항 지진의 정밀 분석 작업도 이곳에서 이루어졌다.

17. 한국기계연구원(KIMM)

한국기계연구원(KIMM, Korea Institute of Machinery & Materials)은 1976년 설립된 연구기관으로 현재 대전에 있다. 설립 목적은 기계·재료 기술 분야의 원천 기술 개발 및 성과 확산, 신뢰성 평가, 시험평가 등을 통해 국가 및 산업계의 발전에 있다. 주요 업무로는 국가 성장 동력 육성을 위한 원천 기술 개발, 국가 차원에서 확보해야 할 기계 기술의 예측 및 기획, 연구 개발 활동과 연계한 신기술 및 주력 기간 산업의 신뢰성 및 공인 시험평가, 평가 관련 기술 개발, 규격 개발 및 보급, 보유 기술 산업체 이전 및 실용화 지원, 기계 분야 중소·중견 기업 기술 지원, 창업 보육 및 기술 기반 구축 지원 등이 있다. 최근의 연구 성과로는 차세대 3차원 반도체(MCP) 패키징 기술 개발, 원자로 냉각재 펌프(RCP) 핵심 부품 설계 기술 개발, 시속 110km급 도시형 자기 부상 열차 개발 및 실용화 등이 있다.

18. 재료연구소(KIMS)

재료연구소(KIMS, Korea Institute of Materials Science)는 소재 기술 분야의 연구 개발, 시험평가, 기술 지원 등을 종합적으로 수행하기 위해 2007년 경남 창원에 설립된 연구기관이다. 창원에 있던 한국기계연구원이 1992년에 대전으로 이전하면서 분사무소로 있다가 2007년 4월 27일에 한국기계연구원 부설 재료연구소로 새롭게 발족했다.

주요 업무로는 금속·세라믹·표면 관련 소재 및 이를 위한 공정 연구 개발, 융·복합 소재 및 이를 위한 공정 연구 개발, 소재·부품의 공인시험평가 및 인증 등이 있다. 연구 성과로는 고 특성 난연성 마그네슘 합금 기술, 습식 공정을 통한 박막형 알루미늄 전극제조, 고순도 티타늄 합금 분말 제조, 은나노 와이어를 이용한 투명 전극 제조, 초고감도 분자 감지 소재 개발, 텅스텐 코발트 희귀 금속 재활용 기술 등이 있다.

19. 한국항공우주연구원(KARI)

한국항공우주연구원(KARI, Korea Aerospace Research Institute)은 항공우주 과학기술영역의 새로운 탐구, 기술 선도, 개발 및 보급을 위해 1989년 설립된 연구 기관으로 현재 본원은 대전에 있고, 항공센터는 전남 고흥에 있다. 항공기·인공위성·우주 발사체의 종합 시스템 및 핵심기술 연구 개발, 국가 항공우주개발 정책 수립 지원, 항공우주 기술 정보의 유통 및 보급·확산, 시험평가 시설의 산·학·연 공동 활용, 중소·중견 기업 등 관련 산업계 협력·지원 및 기술 사업화, 주요 임무 분야의 전문 인력양성 등이 주요 업무이다.

연구 성과로는 유무인 혼용기(OPV) 개발, 다목적 실용 위성(아리랑) 3A호 발사, 4인승 소형 항공기(나라온) 개발, 과학기술위성 3호 발사, 다목적 실용 위성(아리랑) 5호 발사, 한국 최초 우주 발사체 나로호 3차 발사, 한국형 기동 헬기 수리온 개발, 한국 최초 액체 추진 과학 로켓(KSR-III) 발사 등이 있다.

20. 한국에너지기술연구원(KIER)

● 화석연료를 쓰지 않는 에너지 자립형
미래도시 '제로에너지타운'

한국에너지기술연구원(KIER, Korea Institute of Energy Research)은 에너지 기술 분야의 산업 원천 기술을 개발하고 성과 확산 등을 목적으로 1977년 설립된 연구기관으로 현재 대전에 있다. 태양열, 태양광, 풍력, 연료전지, 수소 에너지, 바이오 에너지 등 신재생 에너지를 생산·보관·운송하는 다양한 방법을 연구하고 있으며, 특히 지구 온난화의 주요 원인으로 지목받고 있는 화석 에너지의 소비를 줄일 수 있도록 에너지 사용 기기의 효율 향상 기술, 친환경을 유지하기 위한 태양광 발전 및 태양열 이용 기술, 풍력 발전기술 등의 신재생 에너지 기술, 석유 및 석탄의 청정 연료화 기술, 그리고 해양 융복합 에너지 기술을 포함한 새로운 에너지원의 발굴 및 실용화가 중요 연구 분야다.

연구 성과로는 CO_2 포집 흡수제 및 공정 기술(KIERSOL) 개발, CO_2 회수율 90% 달성, KS-1 공정 대비 20% 이상 재생 에너지 절감, 저등급 석탄 고품위화 기술 개발, 기존 기술 대비 10% 이상 비용 절감 및 석탄 안정화를 위한 기름 소비량 20% 절감, 세계 최고 수준인 500W 스택의 에너지 효율 84% 달성 등이 있다.

21. 한국전기연구원(KERI)

한국전기연구원(KERI, Korea Electrotechnology Research Institute)은 전력 사업, 전기 공업 및 전기 이용 분야의 연구 개발을 위해 1976년 설립된 연구기관으로 현재 경남 창원에 있다.

주요 기능 및 역할에는 전력 IT 및 신재생 에너지 시스템 기술 개발, 전기 기기 기술 개발, 전기 부품·소재 기술 개발, 전자 의료기기 및 전기 융합 기술 개발, 전기 기기 시험·인증 서비스 제공 등이 있다. 최근의 연구 성과로는 산업용 펨토초 레이저 개발, 차세대 전력 계통 운영 시스템(EMS) 개발, 원전 제어봉 구동 장치 제어 시스템 개발, 세계 최초 765kV 수직 배열 2회선 송전선로 상용화, 도시형 자기 부상 열차 부상 제어 시스템 개발, 고속 진철 진기 시스템 엔지니어링 기술 개발 등이 있다.

● 한국전기연구원이 개발한 고속 직류차단기(DC Circuit Breakers)

22. 한국화학연구원(KRICT)

　한국화학연구원(KRICT, Korea Research Institute of Chemical Technology)은 1976년 설립된 연구기관으로 현재 대전에 있다. 화학 기술을 기반으로 한 원천 기술을 개발하여 산업계에 제공함으로써 화학 산업 기술 향상과 경쟁력 확보를 돕기 위해 설립되었다. 설립 이래 화학 및 관련 융ㆍ복합 분야 기술 개발과 화학 기술의 산업체 이전, 화학 전문 인력양성 및 다양한 화학 인프라 지원 서비스를 통해 국가 화학 산업 발전에 선도적인 역할을 수행해 왔다. 첨단 화학 인프라를 바탕으로 친환경 화학 공정, 고부가가치 그린 화학 소재, 의약 및 바이오 화학 분야에서 원천 기술을 개발하고 국가 현안 해결형 융ㆍ복합 기술 개발을 선도하고 있기도 하다.

　주요 사업은 환경 화학 공정 기술 개발, 고부가가치 그린 화학 소재 개발, 의약 및 바이오 화학 분야의 원천 기술 개발, 친미래 신물질 및 해결형 융ㆍ복합 기술 개발 사업, 화학 관련 산업계 협력ㆍ지원과 기술 사업화, 전문 인력양성 등이 있다.

　주요 연구 성과로는 TAZ단백질을 타겟으로 하는 신개념의 골다공증 치료제 개발, 세계 최초, 최고 성능의 촉매를 이용한 중질나프타 유동층 접촉 분해 공정 개발, 초다공성 하이브리드 나노세공체 개발, 온실가스 주성분인 이산화탄소(CO_2)를 메탄과 반응시켜 화학 산업 및 청정 연료의 기초 원료인 메탄올로 제조하는 기술 개발, 전량 수입에 의존하던 LED용 형광체의 국산화 성공, 차세대 항생제 '이미페넴' 개발, 효소를 활용한 '폐지 재활용 기술' 구현 등이 있다.

23. 안전성평가연구소(KIT)

안전성 평가연구는 신약이나 화학 물질 등이 인간의 건강이나 자연환경에 미치는 영향을 비임상적 방법으로 시험 또는 연구하는 분야로, 생명 과학 분야의 기초 기술이다. 이는 또한 '생명 과학 산업의 꽃'으로 불리는 신약 등의 개발 과정에서 반드시 거쳐야 할 필수 관문이기도 하다. 안전성평가연구소(Korea Institute of Toxicology)는 이런 목적을 가지고 2002년 대전에 설립된 연구기관이다.

주요 업무는 신약이나 화학 물질 등이 인간의 건강이나 자연환경에 미치는 영향에 대한 전임상적 방법을 동원한 연구 개발을 통해 신약과 화학 물질의 안전성 평가를 담당한다. 설립 이후, 미국 FDA와 OECD 등의 국제 기준에 맞춰 일반적인 설치류, 비설치류 시험은 물론, 영장류를 이용한 약효, 독성 시험 및 연구를 수행하고 있으며, 30여 년간의 비임상 독성 평가 연구와 환경 독성 연구 수행 경험을 바탕으로 독성 평가 수행 중심에서 사회 문제 해결을 위한 연구 중심으로 바뀌나가고 있다. 최근 문제가 된 가습기 살균제, 제조 나노 물질 등 다양한 유해 화학 물질에 대한 연구를 수행하고 있으며, 화학 물질에 대한 독성 연구와 의약품 등 관련 제품에 대한 안전성을 검증할 수 있는 차세대 기술을 연구 개발하고 있다. 또한 의약품, 화학 물질 사고로 국민 불안이 유발되는 요인에 대한 다차원적인 연구 개발 결과물을 내놓으며 정부의 정책 행동을 유도하고 있다.

최근 연구소의 성과로는 국내 최초 미국 FDA 적격 비임상 시험 기관 인정, KIT 비임상 시험 신약 '카이나므로(Kynamro)' 미국 FDA 발매 승인, 올리고핵산 안티센스 신약 중 전 세계 두 번째 승인, 흡입 독성 시험을 통해 가습기 살균제로 인한 폐 질환 원인 규명으로 가습기 살균제의 의약외품 지정, 국산 신약 최초 유럽 의약청(EMA) 신약 승인 성공으로 저개발국 의료 지원 사업 공헌 등이 있다.

24. 한국원자력연구원(KAERI)

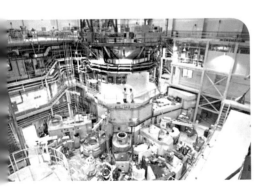

◆ 한국원자력연구원 내 하나로 원자로

한국원자력연구원(KAERI, Korea Atomic Energy Research Institute)은 국내 유일의 원자력 종합 연구 기관으로 1959년 설립된 연구기관으로 원자력의 평화적 이용과 기술 고도화를 통해 국가 경제성장의 버팀목 역할을 해 오고 있다. 원자력의 연구 개발을 통해 원자력 기술의 발전 및 에너지 확보, 원자력의 이용을 촉진하기 위해 설립된 한국원자력연구원은 1980년대부터 원전 기술 연구

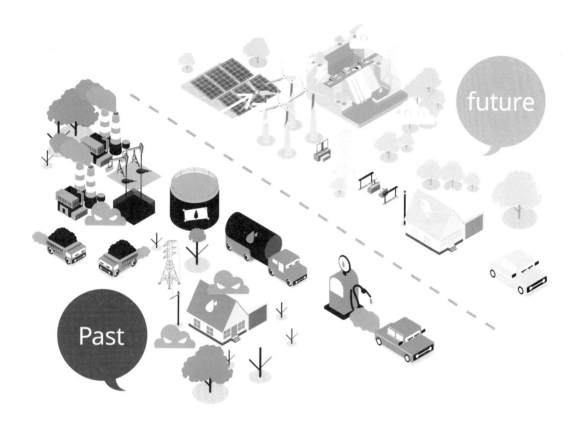

를 시작하여 1987년 중수로 핵연료의 국산화를 이루었다. 1988년에는 경수로 핵연료의 설계와 양산, 기술 개발에 성공하여 국내 모든 원전에 국산 핵연료 양산 공급 체제를 구축했다.

주요 성과로는 1995년에는 연구용 원자로인 하나로(HANARO)를 개발했고, 1996년에는 한국표준형 원전(KSNP, 현 OPR1000)의 핵심 설비인 원자로 계통을 설계했다. 2001년에는 방사성 동위 원소와 천연 고분자 화합물을 이용한 간암 치료제 밀리칸주를 개발해 간암을 수술 없이 주사로 치료할 수 있게 했다. 2002년에는 일체형 원자로 SMART의 기본 설계가 완료되었고, 2007년에는 보다 발전된 형태의 SMART의 개념 설계가 구축되었다. 2009년부터는 요르단에 국내 기술을 전파하여 연구용 원자로 기술력을 세계적으로 인정받았다. 이후 냉중성자 연구시설 구축, 양성자를 빛의 속도에 가깝게 가속할 수 있는 대용량 선형 양성자 가속기 개발, 사상 처음으로 유럽 시장에 원자력 기술을 수출한 네덜란드 연구용 원자로 개선 사업 수주, 사우디아라비아와 SMART 상용화 공동 추진 등이 있다.

현재 원자력을 이용하여 신에너지 기술과 원자력 설비 및 환경 안전성을 연구 개발하고 있으며, 원자력 관련 기술을 보급 · 지원하며, 원자력 정책 연구 및 원자력 기술 정보를 수집하고 있다.

사회 과학이란 인간의 활동과 그 활동이 모여 만들어지는 사회의 작동 양상, 그리고 그것들의 변화에 대해 연구하는 학문이다.

우리나라에는 어떤 사회 과학 연구소들이 있는지 알아본다.

Company

Laboratory

IV

우리나라의
사회 과학
연구기관

01
우리나라의 사회 과학 연구기관

1970

한국개발연구원(KDI)
(1971. 3. 11)

한국교육개발원(KEDI)
(1972. 8. 30)

한국보건사회연구원(KIHASA)
(1971. 7. 1)

국토연구원(KRIHS)
(1978. 9. 18)

산업연구원(KIET)
(1976. 1. 7)

1980

한국농촌경제연구원(KREI)
(1978. 4. 1)

한국여성정책연구원(KWDI)
(1983. 4. 21)

정보통신정책연구원(KISDI)
(1985. 2. 4)

대외경제정책연구원(KIEP)
(1989. 12. 29)

한국형사정책연구원(KIC)
(1989. 3. 16)

한국교통연구원(KOTI)
(1987. 8. 25)

에너지경제연구원(KEEI)
(1986. 9. 1)

한국청소년정책연구원(NYPI)
(1989. 7. 1)

한국노동연구원(KLI)
(1988. 8. 25)

과학기술정책연구원(STEPI)
(1987. 1. 5)

1990

한국법제연구원(KLRI)
(1990. 7. 30)

한국행정연구원(KIPA)
(1991. 9. 27)

한국환경정책 · 평가연구원(KEI)
(1992. 12. 28)

통일연구원(KINU)
(1991. 2. 2)

한국조세재정연구원(KIPF)
(1992. 7. 15)

한국교육과정평가원(KICE)
(1998. 1. 1)

한국직업능력개발원(KRIVET)
(1997. 9. 10)

KDI국제정책대학원
(KDISCHOOL)
(1997. 12. 5)

한국해양수산개발원(KMI)
(1997. 4. 18)

2000

육아정책연구소(KICCE)
(2005. 9. 30)

건축도시공간연구소(AURI)
(2007. 6. 15)

1. 한국개발연구원(KDI)

한국개발연구원(KDI, Korea Development Institute)은 경제사회 현상에 관한 종합적 연구를 수행하고 국민의 이해 증진, 재정 사업에 대한 공공 투자 관리와 사회 기반 시설에 대한 민간 투자 관련 사업 및 연구, 국제화를 위한 전문 인력양성을 수행함으로써 국가의 경제 정책의 수립과 경제 발전에 이바지함을 목적으로 1971년 설립된 연구기관으로 현재 세종시에 있다. 주요 업무로는 경제와 사회 현상에 대한 연구 수행, 재정 사업에 대한 공공 투자 관리, 사회 기반 시설에 대한 민간 투자 관련 사업 및 연구, 국제화를 위한 전문 인력을 양성, 관계 기관 공무원과 기타 단체 직원에 대한 교육 연수 등이 있다.

한국개발연구원에는 1997년에 설립된 국제정책대학원(KDI School)이 있다. 국제정책대학원에서는 개발 및 공공 정책 분야의 국제 전문 인력을 양성하고, 개발 정책 교육 관련 연구와 자문을 한다. 그리하여 우리 국민의 국제적 안목을 넓혀 경제와 사회 등 각 분야의 국제화와 선진화를 이루고, 발전 경험을 국제적으로 공유함으로써 세계 경제 발전에 기여하고 있다.

2. 건축도시공간연구소(auri)

건축도시공간연구소(Architecture & Urban Research Institute)는 우리나라의 국제적 이미지와 경쟁력 향상의 요소로서 건축 도시 공간의 가치를 새롭게 창조하기 위하여 2007년 설립된 최초의 건축 도시 공간분야 국책연구기관으로 현재 세종시에 있다.

미래 지향적 건축 · 도시 공간 시스템 구축 지원, 건축 도시의 지속 가능한 발전과 건전한 개발의 유도, 건축 도시 문화의 보급 · 확산을 위한 싱크탱크 확보를 목적으로 하며, 건축 · 도시 환경의 공공성 및 향상을 위한 정책 연구, 건축 · 도시 디자인의 역량 강화를 위한 연구 수행, 국가 또는 지방 자치 단체의 공간 정책 수립 및 건축 · 도시 공간 개선 사업에 대한 지원, 건축 · 도시 공간 및 건축 문화에 대한 데이터베이스 구축 및 운영 등을 주요 사업으로 추진하고 있다.

3. 국토연구원(KRIHS)

국토연구원(KRIHS, Korea Research Institute for Human Settlements)은 하나뿐인 소중한 국토 자원의 효율적인 이용·개발·보전에 관한 정책을 종합적으로 연구함으로써 국토의 균형 발전과 국민 생활의 질 향상에 기여하기 위하여 1978년 설립된 연구기관으로 현재 세종시에 있다.

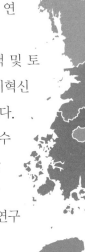

국토의 이용과 보전, 지역 및 도시 계획, 주택 및 토지 정책, 교통 건설 경제, 환경, 수자원, GIS 도시혁신 등 국토 전반에 걸친 폭넓은 연구를 수행하고 있다. 세부적으로는 국토 종합 장기 계획 및 지역 계획 수립 연구, 국토의 이용·보전 및 자원 관리에 관한 연구, 토지, 주택, 도시 및 건설 산업 등 국토 관련 분야 정책 연구, 사회 간접 자본에 대한 종합 연구 등을 하고 있다.

4. 과학기술정책연구원(STEPI)

과학기술정책연구원(STEPI, Science & Technology Policy Institute)은 과학 기술 활동 및 과학 기술 부문과 관련된 경제사회의 제반 문제를 연구 분석함으로써 국가 과학 기술정책의 수립과 과학 기술발전에 이바지할 목적으로 1987년 설립된 연구 기관으로 현재 세종시에 있다. 주요 사업은 과학 기술·연구 개발 활동 및 기술 혁신에 대한 조사 분석·연구, 과학 기술정책 대안 개발 및 기술 경영 전략 수립에 관한 연구 및 자문, 과학 기술과 경제사회의 상호 작용에 관한 학제적 연구, 과학 기술의 지역 협력, 국제 협력 및 과학 기술정책의 세계 동향에 관한 조사 분석·연구, 정부·산업계·학계 및 외국 기관과의 연구 용역 수탁·위탁 및 공동 협력 연구 및 교육 훈련 등에 관한 것들이다.

5. 대외경제정책연구원(KIEP)

대외경제정책연구원(KIEP, Korea Institute for International Economic Policy)은 대외 경제 정책과 관련한 문제를 조사·연구·분석함으로써 국가의 대외 경제 정책 수립에 이바지하는 것을 목적으로 1989년에 설립된 연구기관으로 현재 세종시에 있다.

주요 업무는 무역과 통상, 국제 금융 협력, 국제 투자, 세계 경제 및 주요 경제권역의 경제 동향 및 정책에 대한 연구 분석, 지역 경제와 관련된 문제의 조사 연구 등이다. 대외경제정책연구원은 국제거시금융본부, 무역통상본부, 동북아경제본부, 아시아태평양본부, 구미·유라시아본부 등으로 나뉜다. 국제거시금융본부에서는 우리 경제에 큰 영향을 미치는 주요 변수(금리, 유가, 환율, 자본 흐름)가 우리 경제에 주는 파급 효과를 분석하고 이에 대한 대응 방안을 제시하는 것을 목표로 하고 있으며, 무역통상본부는 글로벌 통상환경의 변화에 대응한 한국의 신통상 정책 방향 정립을 수립하는 것을 목표로 하고 있다.

이 밖에도 국제 사회의 대북 제재 국면에서도 북한이 핵무장을 강행하고 있으며, 중국의 세계 경제와 한국 경제에 미치는 영향이 갈수록 확대됨에 따라 이러한 요인들이 우리경제에 주는 파급 효과와 대응 방안을 연구하거나, 기후 변화 및 디지털 경제 등 새롭게 부상하는 주요 경제 이슈에 대한 정책 과제와 대응 방향 등을 다루고 있다.

49

6. 산업연구원(KIET)

산업연구원(KIET, Korea Institute for Industrial Economics & Trade)은 국내외 산업과 무역 통상 분야를 서로 연계하여 전문적으로 연구하는 국내 유일의 국책 연구 기관으로 한국 경제의 산업 발전과 무역 증대를 지원하기 위해 1976년에 설립되었으며, 현재 세종시에 있다. 산업을 둘러싼 빠른 트렌드 변화에 대응하고, 다가오는 미래 4차 산업혁명 등에 대비하며 우리 산업이 글로벌 시장에서 생존하고 경쟁력을 강화할 수 있는 핵심 역량 확보 방안을 연구하고 있다. 구체적으로 미래 제조업의 발전 전략, 제조업과 서비스업의 융합 발전, 지역 산업의 혁신 생태계 구축 방향 등의 산업 전략의 방향을 제시하는 데 힘을 쏟고 있다.

7. 에너지경제연구원(KEEI)

에너지경제연구원(KEEI, Korea Energy Economics Institute)은 국내외의 에너지 및 자원에 관한 각종 동향과 정보를 신속히 수집 · 조사 · 연구하고 이를 보급 · 활용케

함으로써 국가의 에너지 및 자원에 관한 정책의 수립과 국민 경제 향상에 이바지하도록 하기 위하여 1986년에 설립된 연구기관으로 현재 울산에 있다.

국내외 에너지 및 자원에 관한 각종 동향 및 정보를 수집하여 연구하고, 국가 에너지·자원 정책 개발 및 지원을 위한 연구를 수행하며, 에너지 및 환경과의 조화를 위한 대응 방안을 수립하고, 에너지 이용 합리화에 관해 연구를 진행한다. 종합 에너지 정보 시스템을 구축하여 운영하고, 에너지 및 자원에 관해 교육을 실시하고 있기도 하다.

8. 육아정책연구소(KICCE)

육아정책연구소(KICCE, Korea Institute of Child Care and Education)는 영유아의 정책 연구를 종합적이고 체계적으로 수행하여 유아 교육과 보육의 발전을 위한 합리적 정책 방안을 제시함으로써 영유아의 건강한 삶을 보장하고 부모와 가정, 지역 사회가 행복한 육아를 수행할 수 있도록 지원하기 위해 지난 2005년에 설립된 연구기관으로 현재 서울에 있다. 주요 업무로는 육아 관련 현안 및 정책 방안 연구, 육아 지원 프로그램 및 교재 개발, 육아 지원 기관의 평가 및 자문, 육아 지원 인원의 관리 및 교육 훈련, 육아 정책 관련 국내외 정보의 공유 및 관리 등이 있다.

9. 정보통신정책연구원(KISDI)

정보통신정책연구원(KISDI, Korea Information Society Development Institute)은 국내외의 정보 통신, 방송 분야의 정책과 제도, 방송 산업 등에 관한 각종 정보를 수집 연구하여 이를 보급함으로써 국가의 정보 통신 정책 수립과 국민 경제 향상에 기여하기 위해 1985년에 설립된 연구기관으로 현재 충북 진천에 있다. 지식 정보 사회 발전을 위한 정보화 정책을 연구, 정보 통신 관련 산업의 발전을 위한 정책 연구, 통신과 방송 및 전파 관련 정책 연구, 정보 통신 시장에서의 공정 경쟁과 규제에 관해 연구, 정보화 및 정보 통신 국제 협력 관련 연구를 하고 있으며, 정보화 및 정보 통신 관련 산업의 경영 합리화를 위한 연구 용역 및 자문을 하고 있다. 그 밖에 우정 사업의 경영 효율화 등에 관한 연구와 지식 정보 사회 구현을 위한 계몽 및 홍보 등을 하고 있다.

10. 통일연구원(KINU)

통일연구원(KINU, Korea Institute for National Unification)은 민족 공동체의 실현을 위한 국민적 역량을 축적하고 통일 환경 변화에 적극적ㆍ주도적으로 대응할 수 있도록 통일 문제에 관한 제반 사항을 전문적ㆍ체계적으로 연구 분석하여 국가의 통일 정책 수립 지원에 이바지함을 목적으로 1991년에 설립된 연구기관으로 현재 서울에 있다. 주요 업무로는 국가의 통일 정책 및 대북 정책 수립 지원, 통일 문제 전문 연구 인력으로 구성된 정책 개발, 북한 및 통일 관련 학술 정보 수집 및 관련 연구물 및 자료의 출판 등이 있다.

11. 한국교육개발원(KEDI)

한국교육개발원(KEDI, Korean Educational Development Institute)은 우리의 현실에 맞는 새로운 교육 체제를 만들어 내고, 앞선 교육 정책과 제도를 개발하며, 국가 교육의 어젠다(agenda)에 대한 선도적 대안을 제시함으로써 우리 교육의 기

틀을 바로 잡고, 학교 교육의 질을 높이며, 국가와 사회에 필요한 인재를 길러내는 등 한국 교육의 싱크탱크 역할을 위해 1972년에 설립된 연구기관으로 현재 서울에 있다.

주요 업무는 우리나라 교육의 중요하고도 시급한 국가적 어젠다를 발굴하며, 과학적이고 실효성 있는 수요자 중심의 실천적 교육 정책과 대안을 개발하는 등 교육 발전을 위한 종합적이고 체계적인 정책을 연구하고 개발하는 것이다. 아울러 학교 교육 현장 혁신에 관해 전문적인 연구 및 지원을 하고 있기도 하다.

12. 한국교육과정평가원(KICE)

대학수학능력시험을 앞두고 자주 들을 수 있는 기관인 한국교육과정평가원(KICE, Korea Institute of Curriculum & Evaluation)은 고등학교 이하 각급 학교의 교육과정을 연구·개발하고, 각종 학력 평가를 연구·시행함으로써 학교 교육의 질적 향상 및 교육의 발전에 이바지하는 것을 목적으로 1998년에 설립된 연구기관으로 현재 서울에 있다. 주요 업무는 고등학교 이하 각 학교의 교육과정 연구 개발, 가르치는 방법이나 학습 방법 또는 교과서 연구 개발, 그리고 초·중·고 교육 평가 및 대학수학능력시험 등 각종 평가를 교육과정과 연계하여 출제하고 관리하는 등 국가 수준 학업성취도 평가의 임무를 맡고 있다. 더불어 한국교육과정평가원은 각종 국가 고사(초·중등교사 임용시험, 초졸·중졸·고졸 검정고시 등)의 안정적이고 체계적인 관리 업무도 병행하고 있다.

13. 한국교통연구원(KOTI)

한국교통연구원(KOTI, The Korea Transport Institute)은 교통 정책 기술을 연구·개발하고 교통 정책, 기술에 관련된 국내외 각종 정보를 수집·조사·분석하여 이를 널리 보급함으로써 교통 분야 발전에 기여하기 위해 1987년에 설립된 연구기관으로 현재 세종시에 있다.

연구 분야는 미래교통연구, 교통 빅데이터연구, 교통기술 연구, 글로벌 교통연구, 종합교통연구, 도로교통연구, 철도교통연구, 항공교통연구 등이다. 주요 업무로는 도로·철도·항공·물류·광역도시교통·첨단교통 분야의 운영과 관리에 관한 연구와 운송과 물류 사업의 발전 전략 개발과 경영 개선 방안에 대한 연구 등이 있다. 이를 통해 경부 고속 철도 기본 계획 수립, 대중교통 체계 개편, 보행 문화 개선 시행, 교통 약자 이동 편의법 제정, 이용자 중심 교통수단 개발, 지능형 교통 시스템(ITS) 확대, 고속 도로 환승 시스템 도입, 교통 환경 및 지속 가능 교통연구, 자전거 급행도로 시스템 도입 등을 끌어냈다.

14. 한국노동연구원(KLI)

한국노동연구원(KLI, Korea Labor Institute)은 노동관계 관련 전반적인 문제를 체계적으로 연구·분석함으로써 합리적인 노동 정책 개발과 노동 문제에 관한 국민 일반의 인식 제고에 이바지하고자 1988년에 설립된 연구기관으로 현재 세종시에 있다.

주요 업무는 노동 시장의 주요 현안을 종합적으로 진단하여 노동 시장이 안고 있는 문제점을 분석하고 합리적인 대안을 모색하고 정책 대안을 개발한다. 노동과 관련한 정보와 자료를 수집하고 발간하여 보급하기도 한다. 대표적으로 노동 시장 연구, 고용 정책 연구, 노사 관계 연구, 인적 자원 관리 연구, 노동법 연구, 노동 복지 및 노동 보험 연구, 노사 관계 고위 지도자 연수 사업 등 다양한 분야의 연구와 사업을 추진하고 있다.

15. 한국농촌경제연구원(KREI)

한국농촌경제연구원(KREI, Korea Rural Economics Institute)은 우리나라의 농림 경제 및 농촌 사회를 종합적으로 조사·연구하여 농업·농촌의 정책 수립 방향을 제시하고 농가 소득증대와 농림업 경쟁력 제고를 위해 1978년에 설립된 연구기관으로 현재 전남 나주에 있다.

국가 주요 농업 정책 수립에서부터 국제 통상과 마을 단위 농촌 개발까지 연간 100여 건의 연구 과제를 수행하고 있으며 농업 관측 사업, FTA 이행 지원 사업, 삶의 질 정책 연구, 농식품 정책 성과 관리를 수행하고 있다. 그 밖에 농업인 복지 증진 및 농촌 사회 발전 방안을 연구하고, 국민을 대상으로 정부의 농업 정책에 대한 여론 조사와 홍보를 수행한다.

16. 한국법제연구원(KLRI)

한국법제연구원(KLRI, Korea Legislation Research Institute)은 법제에 관하여 전문적으로 조사 · 연구하고 법령 정보를 체계적으로 수집 · 관리함으로써 국가 입법 정책의 지원과 법률 문화의 향상을 목적으로 1990년에 설립된 연구기관으로 현재 세종시에 있다.

한국법제연구원은 국내 유일의 법제 전문 국책연구기관으로서 수준 높은 연구 성과를 바탕으로 정책 현안에 대해 실효성 있는 입법 대안을 제시하고 있으며, 세계 각국의 법제에 관한 정보를 수집 · 제공하고, 우리 법령을 영문으로 번역 · 제공함으로써 우리 법제의 선진화 및 국제화에 기여하고 있다. 그 밖에 입법 기술이나 법령 용어 정비, 고법전 및 한국 법제사를 조사하고 연구한다.

17. 한국보건사회연구원(KIHASA)

한국보건사회연구원(KIHASA, Korea Institute for Health and Social Affairs)은 1971년 가족계획연구원으로 설립된 후 시대적 요구에 부응하기 위해 연구 영역을 지속해서 확장해 왔다.

국책 연구기관으로서 국민의 보건 의료, 국민연금, 건강 보험, 사회 복지 및 사회 정책과 관련된 정책 과제를 현실적이고 체계적으로 조사하고 연구하여 국가의 장단기 보건 복지 정책 수립에 도움을 주기 위해 설립된 연구기관으로 현재 세종시에 있다.

주요 업무로는 보건의료 제도에 관한 평가 및 정책 개발, 보건 산업과 관련한 정책 연구 등이 있다. 사회 보장 및 복지 서비스에 관해 정책 연구, 인구 문제 및 가족에 관한 정책도 개발한다. 공청회 및 정책토론회를 통한 국민 여론 수렴 등의 업무도 함께 수행하고 있다.

18. 한국여성정책연구원(KWDI)

한국여성정책연구원(KWDI, Korean Women's Development Institute)은 한국의 여성 정책에 관한 종합적인 연구를 수행하고 여성 정책 및 여성 능력 개발, 여성 연구에 대한 정보 제공을 통하여 여성의 사회 참여, 복지 증진과 가족 그리고 국가발전에 기여하고자 1983년에 설립된 연구기관으로 현재 서울에 있다.

여성 인적 자원 개발 및 역량 강화를 위한 프로그램을 개발하여 운영하며 국내외 여성 관련 기관과 교류하고 협력 사업을 수행한다. 여성 일자리 창출과 성 평등의 관점에서 저출산 · 고령화 대응, 여성 혐오 해소 등 성 평등 문화 확산, 여성 이슈의 선도적 문제 제기, 포괄적 의미의 젠더(gender) 폭력 예방과 근절, 4차 산업혁명 시대의 여성과 가족의 다면적 변화 대응 전략 모색 등 새로운 성 평등 가치를 정립해 나아가기 위한 연구를 주도해 나가고 있다.

19. 한국조세재정연구원(KIPF)

한국조세재정연구원(KIPF, Korea Institute of Public Finance)은 재정 분야, 특히 조세·공공 지출·공공 기관 운영 정책을 조사·연구·분석함으로써 국가의 정책 수립을 지원하고 국민 경제 발전에 이바지하기 위해 1992년에 설립된 연구기관으로 현재 세종시에 있다.

주요 업무로는 조세 및 조세 행정에 관한 연구, 국세와 지방세의 합리적인 조정에 관한 연구, 공공 지출 정책에 관한 연구, 정부 회계 및 재정 통계에 관한 연구 등이 있다. 또한 공공 기관 운영에 관한 정책 연구, 정부 회계 및 재정 통계에 관한 연구로 연구 영역을 넓히고 있다.

20. 한국직업능력개발원(KRIVET)

한국직업능력개발원(KRIVET, Korea Research Institute for Vocational Education & Training)은 직업 교육 훈련의 활성화 및 국민의 직업 능력 향상에 기여하기 위해 1997년에 설립된 연구기관으로 현재 세종시에 있다. 국민의 평생 직업 능력 개발을 지원하기 위해 설립 이래, 특성화고, 마이스터고, 전문대학 정책 연구와 고용률 증대 및 인력 미스매치 축소, 국가직무능력표준(NCS)과 일·학습 병행 프로그램의 개발, 직업 진로 정보 제공, 훈련 과정 평가, 국가 자격제도 개발 등 국민의 일상생활에 필요한 교육 및 고용 분야에 대한 연구와 정책 개발을 수행하고 있다.

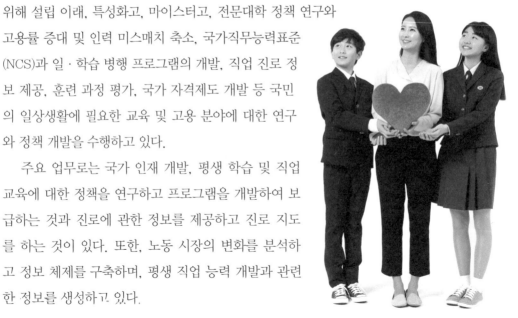

주요 업무로는 국가 인재 개발, 평생 학습 및 직업 교육에 대한 정책을 연구하고 프로그램을 개발하여 보급하는 것과 진로에 관한 정보를 제공하고 진로 지도를 하는 것이 있다. 또한, 노동 시장의 변화를 분석하고 정보 체제를 구축하며, 평생 직업 능력 개발과 관련한 정보를 생성하고 있다.

21. 한국청소년정책연구원(NYPI)

　　한국청소년정책연구원(NYPI, National Youth Policy Institute)은 국내 유일의 청소년 분야 국책연구기관으로서, 1989년 설립 이후 현재까지 청소년에 관한 다양한 이론적 연구 및 과학적 분석을 통해 국가 청소년 정책 수립에 기여해 오고 있다. 현재 세종시에 위치해 있으며, 청소년의 올바른 인성 함양과 잠재력 개발, 청소년의 디지털 능력과 글로벌 역량 강화, 청소년의 인권과 참여를 위한 사회 환경 개선, 소외 계층 청소년의 복지 지원 등의 정책 개발에 필요한 기초 연구와 자료 축적을 통해 청소년들이 건강하게 자라는 데 기여하기 위해 노력하고 있다.

　　주요 업무로는 청소년에 관한 다양한 시각의 이론적 연구, 청소년의 생활·의식 실태와 변화 양상에 대한 종합적 조사 연구를 통한 청소년 정책의 수립, 청소년 관련 연구 보고서와 학술지 및 교재 등 발간, 국내외 청소년 관련 기관과의 교류·협력 등이 있다.

22. 한국해양수산개발원(KMI)

　　한국해양수산개발원(KMI, Korea Maritime Institute)은 해양, 수산 및 해운 항만 산업의 발전과 이와 관련된 부문의 과제를 종합적·체계적으로 조사·연구하고, 해양·수산 및 해운 항만 관련 각종 동향과 정보를 신속히 수집·분석·보급함으로써 해양·수산 및 해운 항만 관련 국가의 정책 수립과 국민 경제의 발전에 이바지하기 위해 1997년에 설립된 연구기관으로 현재 부산에 있다. 한국해양수산개발원의 업무는 크게 연구 조사와

해양 산업 정보의 두 가지로 나뉜다. 연구 조사 업무에는 해양 · 수산 · 해운 항만 정책 관련 연구와 국내외 정책 비교, 국제 물류와 운송 관련 연구 등이 있으며, 해양 산업 정보는 물류 산업의 동향을 확인하고 각종 자료를 데이터베이스화하는 업무이다. 그리고 해외의 해운, 항만, 물류, 수산, 어촌, 해양에 대한 전문 연구서, 업체 보고서, 해외 언론 분석 기사 등을 정리하여 관련 정보를 업계와 학계, 정책부서에 분석 · 제공하고 있다.

23. 한국행정연구원(KIPA)

한국행정연구원(KIPA, Korea Institute of Public Administration)은 행정 체제의 발전과 행정 제도 및 그 운영의 개선에 관한 사항을 체계적으로 연구하고, 행정에 관련된 정보 · 자료를 수집 · 관리 지원하며, 국내외 연구기관과의 교류 사업을 추진함으로써 국가 행정 발전에 기여하기 위해 1991년에 설립된 연구기관으로 현재 서울에 있다.

주요 업무로는 정치와 사회 변화에 대응하는 행정체계의 발전과 행정 제도 및 행정 운영의 개선에 관한 연구, 정부 부처의 정책 개발과 평가에 관한 연구 등이 있다. 또한 행정에 관련된 각종 국내외 정보 자료를 수집하여 지원하고 있다.

24. 한국형사정책연구원(KIC)

한국형사정책연구원(KIC, Korean Institute of Criminology)은 각종 범죄의 실태와 원인 및 그 대책을 종합적 · 체계적으로 분석 · 연구함으로써 국가의 형사 정책 수립과 범죄 방지에 이바지할 목적으로 1989년에 설립된 연구기관으로 현재 서울에 있다.

주요 기능으로는 범죄의 동향과 원인 등에 대한 조사 분석과 대책 연구, 형사 관련 법령 및 형사 정책에 관해 종합적인 조사와 연구를 수행한다. 또한, 국내외 연구기관과 형사 정책 등에 관해 공동으로 연구하고, 범죄 방지를 위해 국제교류와 협력을 증진하고 있다.

25. 한국환경정책 · 평가연구원(KEI)

한국환경정책 · 평가연구원(KEI, Korea Environment Institute)은 환경과 관련된

정책 및 기술을 연구 개발하여 환경 문제를 해결하고, 전문적이고 공정한 환경 영향평가 체계를 확립하여 환경 문제를 예방하고 해결하기 위해 1992년에 설립된 연구기관으로 현재 세종시에 있다.

　　주요 업무로는 환경 정책과 녹색 성장 정책 연구, 환경 기술과 청정 소비 체제 확산을 위한 연구 및 기술 개발, 자연 생태계 보전 및 환경 안정성 확보를 위한 정책 및 기법 개발, 지구와 지역 환경 문제 연구, 환경 관련 국제 협약 및 무역에 관한 연구 등이 있다. 기후 변화 정책을 연구하고 온실가스 감축과 저탄소 에너지 정책을 지원하고 있기도 하다. 그 밖에 환경 교육, 훈련, 홍보, 전문 인력양성 등의 업무도 수행한다. 이러한 업무를 통해 환경 보전과 경제성장의 조화를 모색하고 있다.

국내 연구소들은 어떤 분야로 나눠질까?
또 분야별 연구소에는 어떤 종류의 연구
원들이 일하고 있을까? 이제부터는 보다
구체적으로 연구원들이 어떤 연구소에서
어떤 일을 하는지 알아본다.

그리고 해당 연구소에서 근무하는 연구
원들의 생생한 인터뷰를 담았다.

Company

Laboratory

V
연구소에서
일하는 사람들

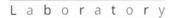

연구소에서 일하는 사람들

1. 자연과학연구원

　　자연과학연구원은 자연 과학 분야의 이론과 응용에 관한 연구를 수행한다. 자연 과학의 고유한 분야로는 크게 물리학·화학·생물학·천문학·지학(지질학·지구물리학·지구화학·지리학) 등이 있는데, 이 중 생물학 분야는 따로 생명과학연구원으로 분류된다.

　　반면 수학과 통계학연구원은 이 직종에 포함되는데, 이들은 수학 또는 통계학 이론을 연구하고 과학·공학·사업 및 사회 과학 같은 분야의 문제 해결을 위해 수학이나 통계학적 기술을 개발하고 응용하는 일을 수행한다.

자연 과학 분야의 연구원에는 고분자재료연구원, 고분자화학연구원, 고체화학연구원, 광산지질조사원, 광화학연구원, 극지과학연구원, 기상연구원, 기상컨설턴트, 기후변화연구원, 나노화학연구원, 노심계통해석연구원, 농어업온실가스연구원, 단백질화학연구원, 무기화학연구원, 물류기술연구원, 물리표준연구원, 물리학연구원, 방사선연구원, 생물통계전문가, 수학연구원, 우주전파예보관, 유기분석연구원, 유기화학연구원, 융합화학연구원, 의약품연구원, 인공어초개발자, 인지과학연구원, 전기화학연구원, 전자계산이론연구원, 지구물리학연구원, 지구화학연구원, 지질자원연구원, 지질학연구원, 천문학연구원, 측정표준시험평가기술연구원, 통계학연구원, 항공기상전문가, 해상풍력단지평가원, 해양연구원, 해황조사연구원, 핵연료연구원, 핵융합로연구개발자 등이 있다.

2. 생명과학연구원

생명과학연구원은 생물학 · 의약 · 식품 · 농업 · 임업 등 생명 과학 분야의 이론과 응용에 관한 연구를 수행한다. 이들은 생명 과학 관련 사업체, 생명 과학 연구기관, 식품 제조업체, 제약회사, 보건, 연구 및 교육기관, 컨설팅 회사, 정부 등에서 일한다.

생명 과학 분야의 연구원에는 곤충연구원, 과수연구원, 국민보건연구원, 국민체력과학연구원, 나노바이오연구원, 농업기술정보화연구원, 농업생화학연구원, 농업해충연구원, 농업환경생태연구원, 도시농업연구원, 동물백신개발연구원, 동물병리학연구원, 동물자원과학연구원, 미생물발효연구원, 미생물의약연구원, 버섯연구원, 병리학연구원, 부유생물연구원, 사상의학연구원, 산림자원연구원, 산림환경연구원, 생리학연구원, 생명정보연구원, 생물분자유전연구원, 생물화학공정연구원, 생체역학연구원, 생태계복원관리연구원, 생화학연구원, 생활체육연구원, 생활환경유해인자연구원, 수산공학연구원, 수산생물병리연구원, 수의과학연구원, 시설재배연구원, 식물병리연구원, 식물세포유전연구원, 식물환경연구원, 야생동물생태복원사, 약학연구원, 양식기술개발원, 어류생태연구원, 어업자원연구원, 어업자원조사연구원, 운동생리학연구원, 원예작물환경연구원, 유전공학연구원, 유전자감식수사연구원, 유전자원연구원, 인구의학연구원, 인삼육종연구원, 인삼재배연구원, 인체공학연구원, 임목육종연구원, 임산공학연구원, 임상연구원,

임업시험연구원, 정밀농업기술자, 조경학연구원, 종축개량연구원, 진단의약개발연구원, 채소연구원, 천연물의약연구원, 체육의학연구원, 초지사료연구원, 축산물이용연구원, 축산시설환경연구원, 축산육종번식연구원, 친환경농법연구원, 친환경농자재연구원, 토양관리연구원, 한약재검사연구원, 한약재안전독성연구원, 한약재품질규격연구원, 한약제제연구원, 한의경락연구원, 한의노화연구원, 한의암연구원, 한의학연구원, 해부학연구원, 해양바이오에너지연구원, 해양생물유전자연구원, 해양생태연구원, 화훼연구원 등이 있다.

3. 인문과학연구원

인문과학연구원은 철학·역사학·언어학·심리학 등 인문 과학 분야와 관련된 지식을 응용하여 이론 및 운영 기법을 개선·개발하며 학술적 논문 및 보고서를 작성하는 일 등을 한다. 인문 과학 분야의 연구원에는 교육학연구원, 문학연구원, 생명윤리연구원, 서지학연구원, 심리검사개발원, 심리학연구원, 언어학연구원, 역사학연구원, 유적발굴원, 정신문화연구원, 체육심리학연구원 등이 있다.

4. 사회과학연구원

사회과학연구원은 경제학·사회학·정치학·사회복지학 등의 관련 지식을 응용하여 사회 과학을 연구하여 이론 및 운영 기법을 개선·개발하고 학술적 논문 및 보고서 등을 작성한다.

사회 과학 분야의 연구원에는 거시경제연구원, 경제분석가, 고용보험통계분석원, 국제경제분석가, 금융연구원, 노동연구원, 농업경영연구원, 농촌생활연구원, 미래학자, 법경제연구원, 법학연구원, 보건정책연구원, 북한경제연구원, 사회복지정책연구원, 산업노동정책연구원, 산업조사분석원, 스포츠사회학연구원, 스포츠정책연구원, 언론정책연구원, 에너지정책연구원, 연금제도연구원, 재정복지정책연구원, 주택정책연구원, 지역환경정책연구원, 토지정책연구원, 풍수지리학자, 해외시장정보분석원 등이 있다.

5. 자연과학시험원

자연과학시험원은 수학·통계학·물리학·천문학·화학·지질학 등의 분야에서 개념, 이론 및 운영 방법의 개선, 개발과 관련하여 관련 과학자의 지휘, 감독하에 기술적인 업무를 수행한다. 자연과학시험원에는 광물감정원, 광물분석원, 물리시험원, 발전소연료분석원, 발전용수분석원, 방사선피폭관리원, 연구장비전문가, 의료용구화학시험원, 지질기사 등이 있다.

6. 생명과학시험원

생명과학시험원은 생물학 · 의약 · 식품 · 농업 · 임업 등 생명 과학 분야의 이론과 응용에 관한 기술적 업무를 수행한다. 생명 과학 관련 사업체, 생명 과학 연구 기관, 식품 제조업체, 제약회사, 보건, 연구 및 교육기관, 컨설팅 회사, 정부 등에서 일한다. 생명과학시험원에는 가축위생시험원, 도축실험실검사원, 미생물발효연구기술공, 의료연구생물학시험원, 혈액관리원 등이 있다.

7. 농림어업 관련 시험원

농림어업 관련 시험원은 농업 · 임업 · 어업 · 수산업 등 농림어업 분야에서 기술적인 업무를 수행한다.

농림어업 관련 시험원에는 농산물규격관리원, 농산물안전성검사원, 농산물조사원, 농촌지도사, 담배재배기술공, 사료검사원, 산림조사원, 수산종묘관리기사, 어구어법기술개발원, 어촌지도사, 영림계획편성원, 원예종묘기

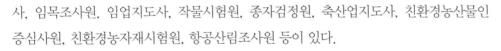

사, 임목조사원, 임업지도사, 작물시험원, 종자검정원, 축산업지도사, 친환경농산물인증심사원, 친환경농자재시험원, 항공산림조사원 등이 있다.

8. 대학교수

대학교수는 자신이 속하거나 강의하는 대학에서 인문사회계열, 자연계열, 공학계열, 의약계열, 교육계열, 예체능계열 등의 계열별 전공과목의 강의를 준비하고, 자신의 전공 분야에 대한 연구 및 논문을 발표한다. 대학의 관련 교수는 공학 교수, 교육학 교수, 사회 과학 교수, 산학 협력 교수, 어문학 교수, 예체능 교수, 의약학 교수, 인문학 교수, 자연 과학 교수 등이 있다.

02
연구 분야에 따른 다양한 직업들

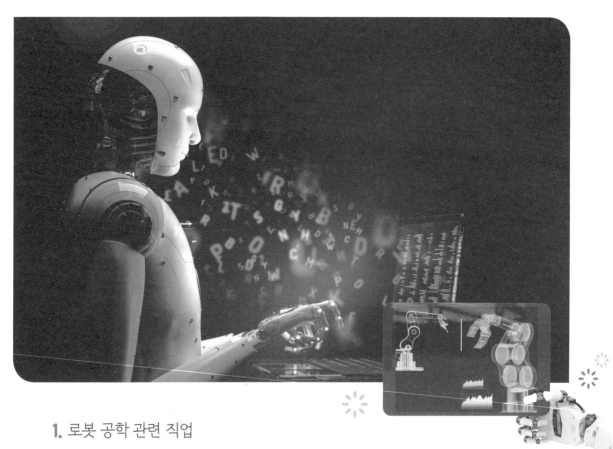

1. 로봇 공학 관련 직업

로봇 공학이란 로봇에 관한 기술인 로봇의 설계, 구조, 제어, 지능, 운용 등에 대한 기술을 연구하는 공학(工學, engineering)의 한 분야이다. 로봇의 설계에는 기계공학, 전기·전자공학, 컴퓨터공학 등의 기술들이 융합되어 활용되고 있다. 생물이 가지고 있는 뛰어난 기능을 인공적으로 실현하여 활용하는 생체 공학도 활용되고 있는 등 여러 공학 분야가 융합되어 있어 종합적인 학문이라고 할 수 있다. 현재 쓰이고 있거나 미래에 쓰일 로봇의 종류에는 가정용, 의료용, 재난 구조용, 산업용 로봇 등이 있다.

이런 로봇 공학 관련 직업에는 로봇 연구원, 안드로이드 로봇 공학자, 로봇 감성인지 연구원, 로봇기구 개발자, 로봇동작생성 연구원, 로봇인식기술 연구원, 로봇하드웨어 설계기술자, 지능형 로봇 연구원, 로봇 프로그래머, 로봇 디자이너 등이 있다.

(1) 로봇연구원(로봇공학자)

❶ 하는 일: 로봇연구원은 인공지능, 로봇 설계 원리 등을 바탕으로 사람들에게 도움이 될 로봇을 연구·개발하는 일을 한다. 로봇 응용 프로그램을 연구해서 로봇을 설계하고, 로봇을 만들어 내고, 테스트까지 한다. 로봇연구원은 크게는 자동화, 반도체, 핸들링 물류 산업 등에서 사용되는 산업용 로봇 및 자동화 시스템의 설비를 만들거나, 작게는 로봇청소기, 학습 지원 로봇 등 지능형 로봇 제조의 일도 할 수 있다. 로봇을 개발하기 위한 기초 기술인 인공지능, 기계 부품, 하드웨어, 소프트웨어 제작 등을 연구하는 일도 한다.

❷ 되는 방법: 로봇연구원이 되려면 기본적으로 자동 제어나 전자 회로 등 기계의 원리나 로봇 설계에 대한 호기심이 있어야 한다. 로봇의 활용 영역이 확대되면서 로봇도 끊임없이 진화하고 있으므로 새로운 기능과 모습을 갖춘 로봇을 만들어 내기 위한 상상력과 창의력이 필요하다. 기술이 계속 발전하므로 새로운 기술 습득과 끊임없는 자기 계발을 위해 노력하는 자세가 필요하며, 다른 기술자나 전문가와 협력해 일을 하는 경우가 많으므로 원만한 대인 관계 능력과 명확한 의사소통 능력도 필요하다.

로봇연구원이 되기 위해서는 보통 대학에서 기계 공학·로봇 시스템 공학·전자 공학·컴퓨터 공학 등을 전공하고 대학원에서 로봇 관련 공부를 하게 된다. 인간과 닮은 휴머노이드를 연구하는 사람들은 심리학까지 공부하기도 한다. 요즘에는 고등학교에서 로봇을 가르치는 로봇 관련 마이스터고등학교도 생겨났다. 다양한 학문적 지식과 함께 로봇을 직접 만들어 보거나 로봇경진대회 등에 참가하여 경험을 쌓는 것은 직업에 대한 이해도를 높이는 데 도움이 된다. 현재 로봇 관련 국가 자격은 존재하지 않으며, 민간 자격으로 제어로봇시스템학회에서 주관하는 로봇기술 자격증(1~4급)이 있다.

로봇연구원은 공개 채용이나 특별 채용을 통해 기업이나 대학의 부설 연구소 등에 취업할 수도 있다. 연구소에 따라서는 로봇 공학 분야의 석사 이상의 학위를 요구하기도 한다. 그 밖에 산업용 로봇을 운영하는 제조업체의 로봇을 관리하고 총괄하는 책임자로 진출하거나 군대나 방위업체에서 로봇을 군대와 접목하기 위한 연구를 수행하기도 한다.

❸ **직업적 전망:** 로봇연구원의 일자리 전망은 타 직업에 비해 매우 밝은 편이고 발전 가능성도 크다. 의료 · 환경 · 실버 · 서비스 · 교육 · 엔터테인먼트 등으로 로봇의 활용 분야가 점차 확대되고 있으며, 로봇 산업에 대한 투자와 사회적 관심이 점차 높아지고 있기 때문이다.

많은 전문가들이 10년 혹은 20년 이내에 로봇이 우리 생활 깊숙이 관여하게 될 것이라고 말한다. 따라서 로봇의 응용 분야는 지금보다 훨씬 확대될 것으로 보인다. 생활 전반과 의료뿐만 아니라 감시 경계 로봇 등 국방, 보안 분야에서도 로봇은 없어서는 안 될 중요한 역할을 맡을 것이다. 따라서 로봇을 연구 개발하고 보급하는 로봇 연구원의 일자리는 증가할 것으로 전망된다.

(2) 안드로이드 로봇공학자

안드로이드 로봇이란 사람처럼 생각하고 행동하며, 피부와 머리카락 같은 외형까지도 사람과 흡사한 로봇을 말한다. 안드로이드 로봇은 다른 로봇과 마찬가지로 각종 모터, 센서, 제어기, 관련 소프트웨어가 장착되어 있다.

안드로이드 로봇공학자는 안드로이드 로봇을 연구하고 만드는 사람이다. 안드로이드 로봇은 여러 분야의 전공자가 작업해야 하는 결과물이기 때문에 동작 담당 분야, 음성이나 형상 인식 분야는 물론 감정을 능숙하게 표현해야 하기 위한 심리학 분야 전문가의 도움도 필요하다.

안드로이드 로봇을 만드는 과정을 살펴보면, 먼저 사람의 신체 부위를 각각 3D로 스캔한 다음, 그 형상을 구동할 수 있는 모터나 기구 등을 설계한다. 그리고 모터를 제어할 소형 제어기와 센서, 터치 센서, 마이크 등 센서들을 부착하기 위한 인터페이스 장치를 만든다. 그다음으로 로봇을 어떻게 움직이게 할지에 대한 소프트웨어 구조를 만들고 이에 대한 프로그래밍 작업을 한다. 그리고 하드웨어 조립, 제어기 장착, 프로그램 다운로드를 거쳐 로봇이 완성된다.

안드로이드 로봇공학자는 기계 공학적 지식은 물론 전기 · 전자 이론에 대한 지식과 컴퓨터 프로그래밍 실력도 필요하다. 그리고 어떤 분야로 로봇을 응용할 것인지가 중요해지고 있기 때문에 창의력과 상상력 또한 중요하다. 앞서 말한 대로 안드로이드 로봇은 혼자 만드는 것이 아니라 팀 협력이 중요하기 때문에 팀과의 융화력도 절대적으로 요구된다.

안드로이드 로봇공학자가 되기 위해서는 대학교 및 대학원에서 기계

🔺 **창을 부르는 로봇 에바**

공학, 메카트로닉스 공학, 전기 공학, 전자 공학, 컴퓨터 공학, 심리학(특히 인지심리학)이나 물리학을 전공하고 로봇을 연구하기도 한다. 연구 개발 분야에서는 일반적으로 석사 이상의 학력이 요구된다.

안드로이드 로봇공학자는 로봇 개발 연구소, 로봇 관련 제품 생산 중소기업, 로봇 교육 관련 중소기업, 자동화 관련 대기업 등에서 활동할 수 있다. 로봇을 공부한 사람만이 로봇 분야로 진출하는 것은 아니며, 로봇을 전공하고도 다른 관련 분야로 진출할 수도 있어 진로 선택의 폭이 넓은 편이다.

로봇 시장은 계속해서 커질 전망이다. 활용 분야가 제조업체뿐 아니라 의료 · 국방 · 환경 · 실버 · 교육 · 엔터테인먼트 등으로 확대될 것이기 때문이다. 특히 사람을 닮은 안드로이드 로봇을 필요로 하는 곳은 앞으로도 계속 늘어날 것이다. 실제로 상당수의 미래 학자는 머지않아 대화 능력을 바탕으로 노인의 말벗이 되어 주는 로봇, 주부를 대신해 집안일을 처리하는 로봇이 일상생활의 한 부분을 담당할 것이라고 예측하고 있다. 정부나 기업에서도 최첨단 기술의 융합체인 로봇 산업을 미래의 국가 핵심 산업으로 간주해 투자를 계속해서 늘리고 있다. 향후 안드로이드 로봇이 상용화되면 새로운 형태의 안드로이드 로봇 개발을 위한 인력이 더 많이 필요하게 될 것이다.

(3) 로봇 감성인지 연구원

로봇 감성인지 연구원은 로봇이 가장 효율적 · 효과적으로 인간의 의도에 따라 작동할 수 있도록 로봇이 인간의 자세, 동작, 표정 등을 인식하고 상호 작용하는 기술인 HRI(Human-Robot Interfacing)에 대해 연구하는 사람이다. 또한, 인간의 감성을 측정하여 로봇이 인지할 수 있도록 인체의 특성을 파악하는 데 필요한 생체 및 감각 계측 기술을 연구하며, 인간과의 접촉을 통해 감정 신호와 패턴을 접하여 접촉자의 감성 상태와 심박동이나 피부 반응 등의 생체 측정 정보로 감성 인식률을 높일 수 있는 감정 측정 기술을 연구한다. 표정의 변화에 따른 감정 변화를 추정하기 위해 영상 정보를 분석하여 심리 상태를 연결하여 해석하는 등의 인식된 감성에 대한 추론을 통해 감성 상태를 예측하고 표현하는 추론 · 인지 기술 등을 연구 · 개발하기도 한다.

(4) 로봇 기구개발자

로봇 기구개발자는 로봇 기구, 주변 장치, 툴 등을 설계 · 제작하고 시험평가 결과를 반영하여 로봇 기구를 개발하는 일을 하는 사람이다. 하는 일을 자세히 살펴보면, 먼저

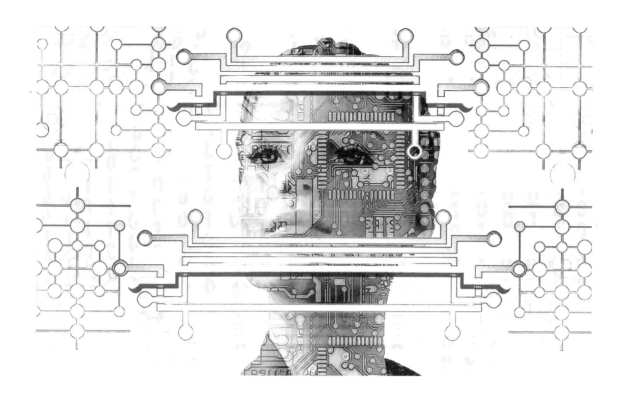

로봇 사용자의 요구 및 로봇의 수행 작업, 제약 조건, 관련 기술, 관련 규정 등을 검토하여 개발 기획서를 작성하고 외관형을 고안해서 개념도를 작성한다. 축(shaft), 케이스(case), 몸체(body), 기어 등 개발에 필요한 요소 부품과 재료를 선정하고 요소 부품 중 기존에 표준화된 부품이 아닌 경우에는 새로 신규 부품을 설계하는 일도 한다. 최종적으로 로봇의 기구, 하드웨어, 소프트웨어를 통합하여 조립하고 기능, 성능, 신뢰성 시험 및 필드테스트를 수행하며 의도한 대로 개발되었는지 평가한다. 이후 로봇을 포함한 전체 작업 시스템을 검토하고 설계하고 제작된 모듈을 조립하여 로봇 시스템을 완성하는 일을 한다.

(5) 로봇 동작생성 연구원

로봇 동작생성 연구원은 로봇의 움직임과 이동 등 로봇 동작을 계획 · 제어하기 위한 방식을 연구 개발하는 사람이다. 로봇의 동작 특성을 파악하며, 스프링, 댐퍼, 관절, 반발력 등을 고려하여 동역학 모델링을 하고 이를 평가한다. 시뮬레이션 프로그램을 활용하여 자세 제어 기술을 개발한다. 로봇이 다양한 외부 환경 변수에 대해 미리 구축된 있는 동작을 수행하도록 알고리즘(어떤 문제를 해결하기 위해 정해진 일련의 절차나 방법. 컴퓨터에서는 실행 명령어들의 순서)이나 프로그램을 개발한다. 로봇이 자가 학습 기능을 통해 행동 패턴을 스스로 수정하는 기술을 연구 · 개발하기도 한다.

(6) 로봇 인식기술 연구원

로봇 인식기술 연구원은 로봇이 외부 환경에 대한 정보를 인식할 수 있도록 관련 기기와 알고리즘을 연구 개발한다. 물체의 종류, 크기, 방향, 위치 등을 인지하는 기술인 물체 인식기술, 센서, 마크 등을 통해 로봇 스스로 공간 지각 능력을 갖추도록 하는 기술인 위치 인식기술, 음성으로부터 언어적 의미를 식별하는 기술인 음성 인식기술과 HRI 등에 관련된 알고리즘을 연구·개발한다.

(7) 로봇 하드웨어 설계기술자

로봇 하드웨어 설계기술자는 각종 산업 활동에 사용되는 로봇 하드웨어를 설계하는 사람을 말한다. 로봇 하드웨어 설계기술자는 먼저 로봇 제품에 요구되는 사항을 분석하여 로봇 하드웨어의 사양을 정하고 하드웨어 구조의 개념을 설계한다. 로봇에 구동 장치인 액추에이터(actuator)를 움직일 수 있는 구동 드라이버를 요구 사항에 맞게 분석하고 드라이버 구동 회로를 설계한다. 또한, 로봇의 자세 및 동작을 제어하기 위한 회로를 설계하기도 하며, 입출력 인터페이스 하드웨어를 설계한다. 로봇의 동작에 필요한 전원과 각 기능에 필요한 전원을 분배하고 관리하는 사항을 설계하며, 운영 컨트롤 체계(초기화, 운영 제어 처리, 신호 입출력 처리, 구동 명령 등)를 설계한다. 이런 모든 요구 사항을 반영하여 전기·전자 부품, 하드웨어 부품을 통합해서 로봇 하드웨어를 제작한다. 이후에 규격에 맞게 제작·조립되었는지 시험평가하고 고장이 나면 이를 분석하거나 예방 대책을 수립하기도 한다.

71

(8) 지능형 로봇 연구원

지능형 로봇(Intelligent Robot)은 인간처럼 시각 · 청각 등을 이용해 외부 환경을 스스로 탐지하고, 필요한 작업을 자율적으로 실행하는 로봇을 말한다. 흔히 우리가 지금도 볼 수 있는 산업용 로봇이 일의 효율성과 성과에 초점을 두고 있다면, 지능형 로봇은 모든 행동이 인간에게 초점을 맞춘다고 봐야 할 것이다. 지능형 로봇은 애완로봇, 실버로봇, 비서로봇, 안내로봇 등의 이름으로 인간 생활 속으로 급속히 유입되고 있다. 환경에 따른 능동적 실행으로 장소와 상황에 맞는 서비스를 제공하며 전자, 정보, 기계, 센서, 소프트웨어, 반도체, 인공지능 등이 총망라되는 첨단 기술의 결합체가 바로 지능형 로봇이다. 그동안 개발된 로봇이 전기, 전자, 기계, 자동화, 전산 등의 일반 산업 부문의 첨단 기술을 활용한 것이라면, 지능형 로봇은 인공지능, 생체 공학, 신경 회로, 퍼지 이론, 인식기술, 마이크로프로세서와 모터 제어, 센서 사용 등 이제까지 개발한 모든 기술이 총동원된 첨단 기술체라고 할 수 있다.

지능형 로봇 연구원은 외부 환경을 인식하고 스스로 상황을 판단하여 자율적으로 동작하는 지능형 로봇을 연구 · 개발하는 사람이다.

(9) 로봇 프로그래머

로봇이라는 말이 체코어의 '일한다(robota)'에서 온 것처럼 로봇은 궁극적으로 사람을 위해 유용한 일을 하도록 만든 존재다. 로봇 프로그래머는 로봇이 움직일 수 있도록 프로그램을 만드는 일을 한다. 로봇 자체의 껍데기인 하드웨어만으로는 단순히 움직이는 금속 덩어리에 불과하다. 사람을 위해 할 수 있는 유용한 일이 거의 없으므로, 그 하드웨어에 담을 내용을 무엇으로 하느냐에 따라서 로봇의 쓰임새가 결정된다. 로봇 프로그래머는 로봇이 상황에 맞게 움직이고 일을 할 수 있도록 프로그램을 설계하고 만드는 일을 한다.

(10) 로봇 디자이너

로봇 디자이너는 사용 목적에 맞도록 로봇의 모양과 구조를 디자인하는 일을 한다. 기술에 상상력을 입히는 직업이 있다면 로봇 디자이너가 아닐까.

로봇의 가능성에 한계가 없으니 디자이너의 상상력과 창의력이 무한정 발휘될 수 있는 최고의 조건이 될 것이다. 어떠한 형태 · 크기 · 질감 · 색상, 재료도 허용되기 때문이다. 당연한 말이지만, 디자인 감각도 중요하지만 그 전에 로봇에 대한 기술적 이해가 충분하다면 더 좋은 디자인을 만들어 낼 수 있을 것이다.

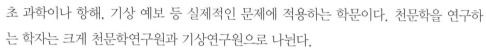

2. 천문학 관련 직업

천문학은 천체와 지구 대기의 물리적 특성, 그리고 그것에 미치는 요인을 관찰 · 해석하고, 연구결과를 기초 과학이나 항해, 기상 예보 등 실제적인 문제에 적용하는 학문이다. 천문학을 연구하는 학자는 크게 천문학연구원과 기상연구원으로 나뉜다.

(1) 천문학연구원

❶ **하는 일:** 천문학연구원은 우주의 생성 원리를 연구하고, 관측기구를 개발하는 일을 한다. 광학망원경, 전파망원경 또는 기타 기구를 사용하여 별을 관찰하는 일뿐만 아니라 지구를 포함한 은하계와 그보다 훨씬 먼 우주를 관측하고, 생성 원리를 밝혀내기 위해 노력한다. 정확한 관측 자료를 얻기 위해 여러 장비를 이용하거나, 더 나은 관측기구를 개발하기도 한다. 천문 연구원은 정부 기관, 정부 출연연구소, 기업부설연구소, 관련 제품 제조업체 등 다양한 분야에서 연구원으로 근무하거나, 대학교수로서 교육과 연구를 병행하기도 한다.

❷ **되는 방법:** 천문학연구원이 되려면 천문학에 대한 전문 지식은 물론 수학과 물리학적 지식이 요구된다. 새로운 것에 대한 탐구 정신과 호기심, 창의성, 관찰력도 가지고 있어야 한다. 별자리의 위치를 파악하기 위한 공간 지각 능력과 광학망원경 · 전파망원경 및 컴퓨터 운용 능력 등도 요구된다.

각종 자료에서 오차를 인식하고 수학 계산상의 오류를 피할 수 있는 사무 능력이 요구되고, 육안 또는 사진 관측 시 미세한 색상의 차이를 구별할 수 있는 색 판별력도 필요하다. 문제 해결을 위한 논리적 사고력 및 분석력과 장시간 동안 별자리의 움직임을 관찰할 수 있는 체력과 끈기도 필요하다. 고등수학 및 통계학적 계산을 신속 · 정확하게 수행할 수 있는 수리 능력이 필요하기도 하다.

천문학연구원이 되려면 대학에서 천문학, 우주 과학, 천체물리학, 천문우주학 등 천문 관련 학문 또는 지구과학, 물리학, 대기과학 등을 전공하면 유리하다. 대학에 진학하

면 천문학뿐만 아니라 수학과 물리학도 공부해야 한다. 천문학의 기초는 수학과 물리학이므로 학부과정 이상에서 천문학을 전공하게 된다면 이 둘은 반드시 거쳐야 하는 관문이다. 특히 물리학과 밀접한 관련이 있으며, 물리학의 역사와 천문학의 역사는 떼려야 뗄 수 없는 연관성을 지니고 있다. 뉴턴이 고전물리학을 창시한 것도 천체의 운동에 대한 관심 때문이었다. 그로 인해 우리나라의 경우는 학과 자체가 물리학과와 붙어 있거나, 학부생의 상당수가 물리학을 복수 전공으로 이수하는 것이 보편화되어 있다.

　대학을 졸업한 다음에는 대학원에 진학하여 천문학 관련 분야의 석사 또는 박사 학위를 취득하는 것이 유리하다. 석사과정에 진학하면 좀 더 전문적인 지식을 쌓을 수 있다. 특히 채용 시 박사 학위 이상으로 지원자를 제한하는 경우도 많아 박사 또는 박사 후 과정(post doctor)의 교육을 지속해서 받을 것을 염두에 두어야 한다. 또 천문학연구원이 되기 위해서는 무엇보다 관련 분야의 연구 경험이 중요하기 때문에 석사과정 중에 학내외에서 수행하는 다양한 연구 프로젝트에 참여하는 것도 필요하다. 연구원에서 연구보조원(RA), 인턴 연구원으로 근무하거나 학생을 대상으로 하는 연구생 프로그램에 참여하면 취업에 유리하다.

　공부를 마친 후에는 공채나 특채를 통해 한국천문연구원이나 한국항공우주연구원 등의 관련 연구소나 각종 사설 천문대, 컴퓨터 및 전자·전기 관련 기업 등 다양한 분야

에 취업할 수 있다. 또 국립천문대, 기상대, 기상연구소 등 정부 기관 및 관련 연구기관에서 활동하며, 대학에서 연구 및 강의를 할 수도 있다. 천문대, 기상 관측소, 전자통신연구소, 시스템공학연구소, 항공우주연구소 등에 채용될 수 있다.

❸ **직업적 전망:** 천문학연구원은 별을 많이 관찰할 것 같지만 사실은 컴퓨터 앞에 앉아서 키보드와 마우스를 누르는 일이 더 많다. 대학 시절 수업에서나 별을 보고 관측 사진을 찍는 일을 하지 박사 과정 이상이 되면 직접 관측을 하기보다는 남이 찍어 온 별 사진 자료들을 보며 분석하여 해석하는 경우가 많기 때문이다.

　　천문학연구원은 전문성이 요구되는 직업으로 자기 계발을 꾸준히 해야 한다. 근무시간이 규칙적이며, 물리적 환경이 쾌적하여 육체적 스트레스는 심하지 않으나 정신적 스트레스는 평균보다 높은 편이다. 전문성을 바탕으로 업무에 대한 자율성이나 권한이 높으며, 사회적인 기여나 직업적 소명 의식이 높은 편이다. 천문·우주 과학 분야는 국가의 기초과학 수준을 보여 주는 중요한 척도다. 임금이 높은 편이고, 고용에서 성별이나 연령에 따른 차별이 없는 편이다.

이 직업을 가진
사람에게 듣는다

Interview

한국천문연구원

임홍서

한국천문연구원은 어떤 곳인가요?

　　우리나라 유일의 천문 연구기관입니다. 우리 기관은 크게 세 가지 일을 하고 있는데요. 첫 번째는 국가가 위임한 시간을 관리합니다. 다시 말해 달력을 결정하는 거죠. 내년에 설날이 언제인지 추석이 언제인지는 저희가 결정해야 합니다. 옛날 우리 조상들은 관상감이라든가 서운관 같은 기관을 두고 하늘의 변화를 관찰해서 임금님께 보고하는 일을 했습니다. 이런 하늘에 대한 관찰이 시간과 관계가 있습니다. 그래서 천문연구원에서는 국가가 정하는 시간을 결정하고 그것을 '월력요항'이라 해서 매년 발표합니다. 거기에 따라서 그다음 해 달력을 만들게 되는 거죠. 저희가 그것을 발표하면 다음날 텔레비전 뉴스에서 "내년에는 공휴일이 며칠이다" 이런 뉴스들이 나옵니다. 또 천문법에 의해서 윤초를 결정하기도 합니다. 윤초가 뭐냐 하면, 우리가 결정한 시간이 자연의 법칙과 조금 거리가 있습니다. 그 간극을 메우기 위해서, 윤달에 29일이 들어가는 것처럼 1초를 넣게 되는 거죠.

　　두 번째는 천문학에 대한 연구를 합니다. 보통 학교에서는 갖추기 어려운 대형 연구 장비를 만들어 운영하고 그것을 천문학자들이 활용할 수 있도록 도와줍니다.

　　마지막으로 세 번째는 국민들이 궁금해하는 것에 대해 답을 드리는 일을 합니다. 우리 기관으로 매일 수많은 민원전화가 오는데요. 예를 들어 "지금 밖에 밝은 별이 보이는데 저게 뭐냐"라든지, "정동진에 놀러왔는데 해가 몇 시에 뜨나요?" 또 "할머니 생신이 음력 00일인데 양력으로는 며칠인가요?" 이런 다양한 질문에 대한 답을 해 드리는 일. 이렇게 세 가지 일을 저희 기관에서 하고 있습니다.

박사님은 이 중에서 어떤 일을 하시나요?

　　저는 두 번째랑 관계된 일을 하는데요. 2년 전에 진주에 운석이 떨어졌어요. 갑자기 섬광이 발견됐다는 여러 제보가 들어오고 동영상들이 SNS에도 올라오고 했는데, 그게 운석이었던 겁니다. 진주 지역에 4개나 떨어졌는데 사람이 안 다친 게 천만다행이었죠. 그리고 다행히도 운석이 좀 작은 크기여서 별다른 피해는 없었습니다. 하지만 이 운석이 좀 더 컸다면 큰 사고로 이어질 수도 있었을 거예요. 예전에 '슈메이크 레비 혜성'이 목성과 충돌을 했는데요. 혜성이 점점 끌려들어 가면서 부서져 섬광이 일어나는데 그 크기가 지구 크기만 했어요. 그 장면을 보고 사람들은 소행성이나 혜성과 충돌했을 때 충격이 엄청나게 크다는 사실을 알게 됐죠. 그 이후로 지구를 지배하던 공룡이 갑자기 사라진 이유가 소행성과의 충돌이었을 것이라고 믿게 됐습니다. 그런 내용이 〈딥 임팩트〉나 〈아마겟돈〉 등의 영화로도 만들어졌죠!

내가 **무엇을 좋아하는지, 뭘 하고 싶은지**
끊임없이 물어보고 생각해 보세요. 그래서 그 **일을 하면서**
행복한 시간을 만들어 나가시길 바랍니다.

그래서 전 세계가 힘을 합쳐 그런 위험에 대비해야겠다는 움직임이 시작됐고, 우리나라도 천문연구원이 그 임무를 수행하게 된 거죠. 그런데 소행성뿐 아니라 사람이 만든 인공위성도 추락하기 시작합니다. 대부분은 대기권에서 타버리는데, 어떤 것들은 추락하기도 하거든요. 그래서 천문연구원에서는 그것을 24시간 관찰하고 위험 상황에 대비하는 일을 하고 있습니다. 제가 맡은 업무가 바로 그 '우주 감시 분야'입니다. 저희는 몽골, 모로코 등 몇 나라에 로봇 망원경 관측소를 마련해 놨습니다. 그것을 인터넷으로 연결해서 24시간 모니터링하고 있지요. 뒤쪽에 보이는 화면이 몽골에 설치되어 있는 무인 관측소입니다. 무인 자동으로 움직이고 있고요. 조금 있으면 관측을 시작해서 저에게 데이터를 보내올 겁니다. 이렇게 전 세계에 흩어진 관측소로부터 우주 물체에 관한 정보를 취합하고 분석하는 일을 제가 하고 있습니다.

Q 몽골, 모로코 등 세계 곳곳에 관측소를 두는 이유는 뭔가요?

우리나라 상공을 휙 지나가는 이동 물체가 있을 때, 만약 우리나라가 낮이라면 관측이 잘 안 될 수도 있어요. 그래서 여러 군데에 관측소를 마련해 둔 겁니다.

Q 그 정보를 세계가 다 공유하지 않나요?

다 공유하진 않습니다. 왜냐하면 그 정보가 국방하고 관계가 있을 수 있거든요. 소행성이나 혜성 같은 것에 대해서는 다른 나라와 정보를 공유하지만, 인공위성은 국가 안보와 관계가 있기 때문에 전부 공개하지 않습니다. 그래서 우리나라

도 최대한 자력으로 정보를 많이 취득할 수 있도록 시스템을 갖추려고 하는 거죠.

Q 관측소를 보니, 천문학도 엄청난 투자가 필요한 학문인 거 같아요.

맞습니다. 특히 천문학자들에게 망원경의 크기가 중요해요. 망원경이 커질수록 멀리 보이고, 보이는 만큼 새로운 연구가 가능하기 때문이죠. 지금 우리나라에서 가장 큰 망원경은 보현산에 있는 지름 1.8m 망원경입니다. 이것은 보고 싶다고 아무 때나 볼 수 있는 것이 아니라 미리 0월 0일 0시부터 0시까지 보겠다고 예약을 해야 볼 수 있습니다. 왜냐하면 전국의 천문학자와 전공 학생들이 같이 사용해야 하니까요. 그런데 현재 우리나라가 다른 여러 나라랑 컨소시엄을 구성해서 지름 25m짜리 망원경을 만들고 있습니다. 총예산이 1조 원 가량 투입되는 초대형 프로젝트인데요. 우리나라도 천억 원을 내고 함께 프로젝트에 참여하고 있습니다. 칠레 북쪽 사막 지역이 관측이 잘 되기 때문에 그 지역에 설치 중입니다. 이 망원경이 완성되면 1년 중 한 달은 우리나라가 사용하게 된다고 해요. 지금 현존하는 세계 최대 망원경이 지름 11m이니까 25m짜리 새 망원경이 완성되면 아마 천문학에 새로운 지평이 열리게 되겠지요?

언제부터 천문학자가 되기를 꿈꾸기 시작했나요?

중학교 2학년 때 밤에 옥상에 누워서 별자리를 찾아보고 있었는데, 정말 하늘로 빨려 들어가는 느낌을 받았어요. 우주 공간의 공간감을 느낀 거죠. 그때부터 천문학자의 꿈이 생겼던 것 같아요. 지구과학 수업을 유난히 좋아했고, 그 꿈은 계속 이어져서 천문학을 전공하게 됐어요. 천문학 전공 중에서도 광학 망원경으로 은하계를 관측하는 것을 좋아했어요. 우리 은하계가 어떻게 만들어졌는지 궁금하더라고요. 그래서 천문학을 전공하고 박사를 따고 박사 후 연구 과정을 거쳐 첫 직장으로 이곳에 들어와서 16년째 일하고 있습니다.

천문연구원이 되고 싶은 청소년들은 지금 무엇을 준비하면 좋을까요?

저희 때는 인터넷이 없던 세상이라 책이나 과학 잡지를 보고 교수님에게 무엇을 공부해야 하냐고 물어보는 정도가 전부였어요. 하지만 지금은 인터넷을 통해 무한대의 자료를 찾아볼 수 있습니다. 문제는 대부분의 자료들이 영어로 되어 있다는 거지요. 그래서 일단 천문학을 전공하고 싶은 학생들은 언어 능력을 키우라고 얘기해 주고 싶습니다.

대부분의 지식들이 영어로 기록되어 있기 때문이기도 하지만 세계 곳곳에서 천문학을 공부하는 여러 사람들을 만나 이야기를 나누는 기회가 아주 많거든요. 다른 나라에 망원경을 관측하러 가면 거기서 학자들을 만나게 되고, 당신은 어떤 것에 관심이 있냐, 당신 나라는 어떤 연구들을 하고 있냐, 서로 밥 먹으며 이야기하고 정보를 교환하고 자료를 수집하며 인적 네트워크를 넓히는 것이 아주 중요한 자산이 될 수 있습니다.

또 두 번째도 언어입니다. 이번에는 컴퓨터 언어인데요. 천문학은 큰 숫자를 다룰 뿐 아니라 자료를 축적하고 분석해야 하기 때문에 본인이 원하는 것을 직접 프로그래밍해야 할 경우가 많아요. 그래서 직접 프로그래밍을 할 수 있을 정도로 컴퓨터를 다룰 수 있어야 합니다.

세 번째는 여러 분야의 책을 두루 많이 읽으라고 권하고 싶어요. 전공 외에 다른 분야의 독서는 내 삶을

더 풍부하고 행복하게 해 줄 수 있거든요.

천문학은 즉각적인 보람이 바로 오진 않습니다. 이런 기초 과학은 심지어 자기가 살아있는 동안에 결과가 나오지 않을 수도 있어요. 하지만 호기심이 많고 그 호기심을 쫓아가면서 즐거워하는 사람, 우주를 좋아하는 사람은 도전해 보라고 권하고 싶습니다. 고개만 들면 보이는 하늘과 우주를 탐구하는 일은 정말 행복한 일이거든요.

꼭 천문학이 아니더라도 내가 무엇을 좋아하는지, 뭘 하고 싶은지 끊임없이 물어보고 생각해 보세요. 그래서 그 일을 하면서 행복한 시간을 만들어 나가시길 바랍니다.

이 일의 전망은 어떻게 보고 계신지요?

지금까지는 기초과학 분야에 대한 관심이 줄고 사회적으로 소외되는 듯한 분위기도 있었지요. 사람들이 좋아하고 관심이 많은 것 같은 분야지만, 실제로 직업으로는 잘 선택하지 않는 분야였어요. 하지만 이제 달라지기 시작했습니다. 왜냐하면 화성에서 사람들이 살게 될 날이 머지않았거든요. 실제로 20~30년 이내에 화성으로 이주가 시작될 것으로 예상하고 있습니다. 영화 〈마션〉이 현실이 될 날이 머지않은 거죠. 그러니까 천문학이 실생활의 학문이 되는 날이 온 겁니다. 그래서 순수 천문 분야에서 확대되어 기계 공학, 항공우주 등과 함께 우주 과학 분야로 넓어지게 됐어요. 앞으로 천문학을 전공하는 후배들은 지금보다 훨씬 할 일이 많아질 겁니다. 예를 들어 천문학과 생물학이 결합해 다른 행성의 생물체에 대한 연구를 해야 할 것이고, 또 천문학과 심리학이 결합되어 다른 행성에서 살면서 일어날 수 있는 심리적 변화와 대응에 대해서도 연구를 해야 하는 등 다른 학문과 융합하여 우리 실생활에 가장 주요한 학문이 되지 않을까 예상하고 있습니다.

(2) 기상연구원

❶ **하는 일:** 기상 관측이란 대기의 상태를 알기 위해 기압·기온·습도·풍향·풍속 등을 측정하며, 구름·안개·비·눈 등의 각종 기상 현상과 함께 지진과 같은 지구 내부 현상까지도 관측하는 것을 말한다. 기상연구원은 이러한 기상 관측 상황을 통해 날씨의 변화를 파악하고, 기상 및 기후에 관련된 모든 특성을 조사하고 연구하는 일을 한다. 첨단 관측기구를 이용하여 정보를 수집하고, 관측한 대기 자료들을 정밀 분석하여 일기 예보를 할 수 있게 도와주는 일도 한다. 또 기상 상태를 표시한 기상도를 작성해 기후 특성과 기후 변동을 분석할 수 있는 자료로 이용할 수 있도록 제공한다. 이와 더불어 환경기상·수문기상·농업기상·생물기상과 대기 난류, 기후 변화 등도 연구한다. 또한 기상연구원은 기상 관측이나 기후 특성에 대한 조사를 통해 기술 개발 및 예보 기법을 연구하기도 한다. 각종 기기와 기술을 활용해서 기상을 조사하여

◐ 폭염만 전문으로 연구하는 UNIST 폭염연구센터

그 정보로 통계자료를 만들고, 이러한 통계자료를 통해 좀 더 정확한 기상 관측을 할 수 있도록 한다.

❷ **되는 방법:** 기상연구원은 일단 전문적인 기상 연구와 관측을 위해 지구과학·물리학·천문학 등에 대한 지식이 무엇보다 필요하다. 기상의 미세한 변화도 알아차릴 수 있는 섬세함과 전체 대기의 움직임을 파악할 수 있는 판단력, 색에 대한 판별력도 있어야 한다. 기상 연구는 보통 팀으로 이루어지는 작업이므로 이에 필요한 원만한 성격과 적절한 의사소통 능력도 중요하다. 기상연구원이 되려면 대학에서 대기과학·천문우주과학·천문학·지구공학·지구환경과학 등을 전공해야 하며, 대학원에 진학하여 석사·박사 과정을 거치는 것이 유리하다. 관련 자격증으로는 기상예보기술사, 기상기사 등이 있다. 기상연구원은 전분 분야에 따라 예보 연구원, 기후 연구원, 지구환경시스템 연구원, 응용기상연구원, 태풍 황사 연구원 등으로 일할 수 있다.

❸ **직업적 전망:** 기상연구원의 평균 연봉은 4,000만 원 이상이고, 고용 평등은 매우 잘 이뤄진 편이고, 발전 가능성이 높아 전망이 좋다고 알려져 있다. 지구 대기의 변화와 그 결과가 실물 경제에 미치는 영향은 엄청나기 때문에 기상 현상에 대한 정확한 예측의 필요성은 점점 커지고 있다. 또한, 날씨 마케팅과 같은 새로운 경영 기법이 등장하는 등 인

간의 경제·사회 활동에서 기상의 중요성이 크게 인식되고 있어 기상연구원의 일자리 전망은 밝은 편이다. 특히 우리나라도 이제는 지진 안전지대가 아니라는 인식이 커지면서 기상연구원의 역할과 중요성이 더 커질 것으로 보고 있다.

3. 항공우주공학 관련 직업

항공우주공학이란 항공우주 공간에서 비행하거나 유영할 수 있는 물체에 대해 설계부터 제작, 발사, 유도, 통제에 이르기까지 관련된 모든 내용을 다루는 학문이다. 이때 말하는 '항공우주 공간'이란, 지구의 대기권과 대기권 상층부인 우주를 의미하는 것으로 거리로 본다면 지구에서 관측이 어려운 천체까지 확장되는 무한대의 영역까지 포함한다.

(1) 항공우주공학 기술자

❶ **하는 일:** 항공우주공학 기술자는 공기 중을 비행하는 물체, 즉 여객기·전투기·우주선 등의 각종 비행 물체를 설계하고 개발하는 일을 담당하는 사람이다. 항공기의 본체나 시스템 및 전자 설비(레이더 등)를 설계하고, 실험 연구를 통해 새로운 항공 공학 기술을 개발하는 것이 주업이다. 다목적 인공위성, 로켓 개발 등과 같은 프로젝트에 참여하여 기체나 시스템 및 각종 장비를 연구하고 설계하며, 항공기 제조 공정을 감독하고 관련 기술을 지도하기도 한다.

❷ **되는 방법:** 무엇보다 항공 공학에 대한 지식이 요구되며, 우주 산업을 포함한 항공기에 사용되는 기술은 계속 빠르게 발전하므로 새로운 기술 습득과 자

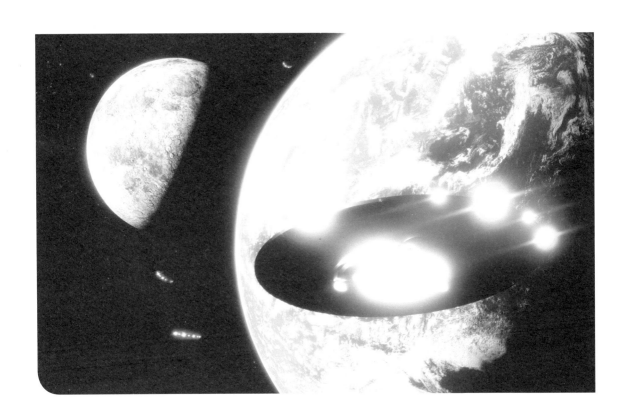

기 계발을 위해 노력하는 자세가 필요하다. 새로운 것에 대한 탐구 정신과 호기심, 창의성과 문제 해결을 위한 논리적 사고, 분석력, 그리고 정확한 판단력이 요구된다. 다른 기술자나 전문가와 협력하여 일하는 경우가 많으므로 원만한 대인 관계 능력과 명확한 의사소통 능력이 필요하며, 영어 등의 외국어 소통 능력은 기본적으로 갖추어야 한다. 항공우주공학 기술자가 되기 위해서는 대학교의 항공우주 관련 학과를 졸업해야 하며, 공채나 특채를 통해 항공기 제작업체, 항공 운송업체 및 국책 연구소 등에 채용될 수 있다. 연구소에 따라서는 항공우주공학 분야의 석사 이상의 학위를 요구하기도 한다. 국내 민간 항공사에서 운영하는 사내 정비 직업 훈련원이나 항공 정비 관련 직업 훈련 기관에서 기술을 배울 수 있기도 하다. 관련 국가 자격증으로는 항공기관기술사, 항공기체기술사, 항공(산업)기사 등이 있다. 항공기사는 항공기 운항의 안전성을 확보하기 위하여 항공기에 대한 전문 지식과 기술을 갖춘 인력으로 하여금 항공기 정비 및 제작에 관한 업무를 수행토록 하기 위해 마련된 자격이다.

❸ **직업적 전망:** 항공우주공학 기술자가 포함된 기계공학 기술자 및 연구원은 전문 기술을 인정받는 엔지니어로서 임금과 복리 후생 수준이 다른 직업에 비해 높은 편이다. 근무 시간이 짧은 편이고 정신적 · 육체적 스트레스는 상대적으로 낮은 수준이다.

Interview

한국항공우주연구원 융합연구기술센터

김해동

Q 한국항공우주연구원은 어떤 곳인가요?

한국항공우주연구원은 우리나라를 대표
하는 항공우주 연구 개발 전문 연구기관
으로 미래 항공우주 시대를 열어 가기 위해 첨단 항공
기, 인공위성, 우주 발사체 등을 연구 · 개발하고 있습
니다. 미국에 NASA(미항공우주국)가 있는 것처럼 우
리나라엔 한국항공우주연구원이 있는 것이지요. 1989
년 설립된 이후 다목적 인공위성 아리랑, 한국 최초 우
주 발사체 나로호 등을 만들어 발사하는 데 성공했습
니다.

**Q 김해동 박사님은 이곳에서 구체적으로 어떤
업무를 하고 계신지요?**

2000년 입사하여 우리나라 최초의 실
용 위성인 아리랑 위성 1호부터 5호까지 인공위성 운
영에 필요한 관제 시스템을 개발했습니다. 현재 진행
하고 있는 연구는 크게 두 가지가 있습니다. 첫 번째는
'우주 쓰레기'에 관한 연구인데요. 이 연구를 시작하게
된 계기가 있습니다. 2007년, 중국이 우주 무기 개발
의 일환으로 자기 나라에서 쏘아 올려 사용한 뒤 버린
수명이 다 된 인공위성을 지상에서 미사일로 조준해
서 쏜 적이 있습니다. 당연히 수많은 파편이 발생했지
요. 그래서 우리 인공위성이 혹시 그 파편과 충돌할 위

험은 없는지 분석하는 연구를 해야 했는데요. 그 연구
를 진행하면서 '우주 쓰레기'에 대해 관심을 갖게 됐습
니다. 인공위성은 1957년 러시아가 처음으로 쏘아 올
리는 데 성공했어요. 그 이후 세계 각국에서 약 7,700
여 개의 인공위성을 발사했다고 합니다. 수명을 다한
인공위성의 절반가량은 지구 중력과 대기 저항 등으로
인해 자연스럽게 대기권까지 내려와 매우 빠른 속도로
인한 마찰열에 의해 불타 없어졌습니다. 하지만 나머
지들은 여전히 우주 쓰레기로 남아 지구 주변을 떠돌
게 되죠. 지금 인공위성 등을 쏘아 올린 후 이것을 수
거하지 않고 있기 때문에, 이미 지구 주변은 크고 작은
우주 쓰레기가 엄청나게 많습니다. 골목길에 하나씩
쓰레기를 버리고 아무도 치우지 않으면 그 골목길에는
금방 쓰레기가 가득하게 되겠지요? 우주도 마찬가지
입니다. 단순히 생각하면 쏘아 올린 인공위성 중 버려
지거나 고장 난 것들만 우주 쓰레기로 남아 있을 것 같
지만 실제로는 그보다 훨씬 많은 쓰레기가 있습니다.
일단 인공위성을 실어 나르는 우주 로켓은 보통 3단으
로 이루어져 있습니다. 인공위성을 최종적으로 우주
궤도에 올리는 마지막 상단 로켓은 대부분 우주에 오
랫동안 머물게 됩니다. 이것들도 역시 우주 쓰레기가
되고요. 이것들과 버려진 인공위성들끼리 충돌이 일어
나면서 또 많은 우주 쓰레기가 생겨나고 있습니다. 그
리고 살아있는 인공위성이 우주 쓰레기와 충돌하는 우

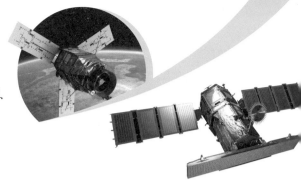

우주 항공 분야는 비행기나 인공위성 등 큰 시스템을 만드는 곳이라 늘 **여러 분야의 사람들과 회의**를 합니다. **다양한 사람들과 의견을 나누고 조율**할 수 있어야 하지요.

주 교통사고도 종종 일어납니다. 2009년에는 운용 중이던 미국 상업 통신위성 이리듐 위성이 고장 나 버려진 러시아의 코스모스 위성과 정면충돌하는, 사상 첫 우주 교통사고가 일어나기도 했지요. 이외에 작동 중인 인공위성과 우주 쓰레기가 충돌한 사건은 몇 차례 더 확인됐는데, 우리가 알지 못하는 크고 작은 충돌은 더 많을 것입니다. 수명이 다한 위성이 다른 위성과 충돌해 부서지면서 쓰레기 조각이 생기고, 또 그 조각이 다른 위성과 부딪혀서 또 쓰레기 조각이 생기고, 이런 과정이 반복되면서 현재 지구 주변에는 약 3,000여 개의 위성뿐 아니라 지름 10cm 이상의 작은 조각이 2만 3,000개, 1mm 이하의 더 작은 부스러기까지 포함하면 쓰레기 조각이 1억 개 이상 있는 것으로 추정되고 있습니다.

우리나라가 발사했던 최초의 실용급 인공위성 아리랑 1호는 지금 수명을 다하고 고장 나서 쓰레기가 되어 있습니다. 우리나라가 만든 우주 쓰레기 중 가장 큰 것

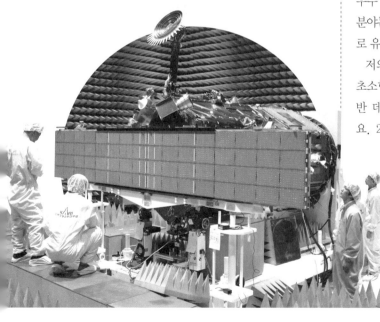

이죠. 미국 과학자의 예측으로는 2050년을 기점으로 우주 쓰레기가 급격히 증가할 것이라고 합니다. 왜냐하면 지금까지는 일부 선진국에서만 인공위성을 만들었지만, 이제는 아프리카에서도 불과 수 kg의 손바닥만 한 초소형 인공위성을 만들고 있을 정도로 과학 기술이 발달하고 있기 때문입니다. 수십 개 나라에서 너도나도 인공위성을 만들어 쏘아 올리고 있으니, 우주 쓰레기도 급격히 늘어날 수밖에 없고, 또 그 쓰레기로 인한 여러 가지 위험도 증가하고 있는 거죠. 그래서 저는 2013년 '카리스마'라는 우주 쓰레기 위험 분석 대응 시스템을 만들었고, 현재 항공우주연구원 관제소에서 이 시스템을 통해 우주 쓰레기가 어떻게 움직이고 있는지, 위성과의 충돌 위험은 없는지 분석, 관찰하고 있습니다. 그리고 또 국내에서는 처음으로 우주 쓰레기를 없애는 방법을 연구하고 있는데요. 우주 환경과 비슷한 공간을 만들어서 우주 쓰레기를 붙잡는 기술을 개발하고 있습니다. 선진국에서도 21세기에 들어서면서부터 우주 쓰레기에 관한 연구를 시작했어요. 그러니까 이 분야는 이제 시작 단계이고 연구자도 적기 때문에 앞으로 유망한 분야가 될 수 있을 것이라고 생각합니다.

저의 두 번째 연구 분야는 초소형 인공위성입니다. 초소형 인공위성은 무게가 10kg 내외이고 크기는 일반 데스크톱 컴퓨터와 비슷하거나 좀 작은 정도인데요. 2000년도부터 관심을 많이 받고 있는 분야입니다. 지금까지는 제대로 일을 할 만한 인공위성을 만드는 데 수천억 내지 수백억 원처럼 어마어마한 돈이 들었지요? 그래서 크기를 최소화시켜 비용도 수억 원 정도로 1/10가량 줄인 것이 초소형 인공위성입니다. 처음에는 대학교에서 인공위성 설계는 이렇게 한다는 걸 가르치기 위해 교육용으로 많이 만들기 시작했는데요. 점차 기술의 발전으로

인해 학생 교육용에서 벗어나 실제 다양한 일을 할 수 있는 인공위성으로 민간이나 연구소에서도 많이 만들고 비즈니스에도 활용하기 시작했답니다.

우리 연구소에서는 현재 지구를 정밀하게 관측하거나 소행성, 화성 등을 탐사할 수 있는 초소형 인공위성을 만들고 있습니다. 그리고 초소형 인공위성으로 기존 인공위성에 연료를 넣어 주거나 고장 난 인공위성을 고쳐 주는 로봇 위성도 연구해 보려고 합니다. 제가 우주 쓰레기를 없애는 연구도 수행하고 있어서 초소형 위성으로 우주 쓰레기를 붙잡아 없애는 청소위성도 개발하려고 하고 있고요. 이러한 다양한 일들을 위성이 할 수 있도록 로봇기술을 연구하는 연구소와도 협업이 필요하겠지요.

Q 어렸을 때부터 우주에 관심이 많아서 우주과학자가 되신 건가요?

원래는 로봇을 만드는 과학자가 꿈이었어요. 왜냐하면 7살 때 극장에서 만화 영화 〈로봇 태권브이〉를 보고 로봇을 만드는 김 박사를 좋아하게 됐거든요. 대부분 태권브이나 태권브이를 움직이는 남자 주인공을 좋아하는데 저는 하얀 가운을 입은 김 박사가 정말 멋있어 보였고, 김 박사처럼 로봇을 만드는 과학자가 되고 싶었습니다. 그리고 좀 더 커서 중학교 1학년 때 물리 시간에 선생님께서 하신 말씀도 제게 큰 영향을 끼쳤습니다. 외모도 전형적인 과학자처럼 생기셨던 물리 선생님은 "세상의 직업 중에 과학자가 제일 좋은 직업이라고 생각한다. 과학자는 자기의 호기심을 풀기 위해 연구하는데 누가 월급까지 준다. 돈을 벌기 위해 일하는 게 아니라 지적 호기심을 충족시키기 위해 공부를 하는데 돈도 벌 수 있으니 얼마나 좋은 직업이냐"라고 말씀해 주셨거든요. 저도 백 퍼센트 공감합니다. 그렇게 과학자의 꿈은 장래 희망으로 어릴 적부터 대학 진학을 앞둘 때까지 한 번도 변함이 없었는데요. 대학 진학 시 전공을 무엇으로 할까 생각하다 보니 많은 사람들이 이미 공부하고 있는 기계 공학이나 전자 공학보다는 당시 우리나라에서 몇 개 대학에서만 공부할 수 있는 '항공 우주 공학'이 눈에 들어와서 지원하게 되었어요. 로봇보다는 하늘과 우주를 날아다니는

비행기, 로켓, 우주선을 공부한다는 것이 특별하게 느껴졌고, 나중에 관련된 일을 하게 되면 멋있어 보일 것이라고 생각했지요. 결국, 제 꿈을 이뤘고 김 박사로서 이곳 연구소에서 우주를 날아다니는 것을 할 수 있어서 매우 만족하고 즐겁게 일하고 있어요.

Q 항공우주 연구원이 되고 싶은 청소년들은 무엇을 준비해 두면 좋을까요?

성적을 올리기 위한 공부를 하는 것도 중요하겠지만, 수학, 화학, 물리에 두루 관심을 가지고 공부를 해두면 좋을 것 같아요. 그리고 다른 친구들과 함께 연구하고 토론하는 습관도 중요합니다. 우주 항공 분야는 비행기나 인공위성 등 큰 시스템을 만드는 곳이라 늘 여러 분야의 사람들과 회의를 합니다. 다양한 사람들과 의견을 나누고 조율할 수 있어야 하지요. 외골수처럼 혼자 공부하고 자기만의 세계에 빠져 타협할 줄 모르는 사람은 이렇게 협업을 하는 시스템을 견디기 힘들어합니다. 요즘 융합이라는 말을 많이 쓰는데, 이 분야도 그렇습니다. 더 많은 청소년들과 함께 열린 마음으로, 열린 생각으로 더 넓은 우주를 연구하게 되길 기대합니다.

Q 항공우주공학자가 되기 위해 갖추어야 할 자질에는 어떤 것이 있을까요?

항공 우주 공학은 정말 큰 프로젝트를 다룹니다. 한 번 사고가 나면 대형 인명 사고를 유발할 수 있는 비행기, 또 한 번 발사하는 데 천문학적인 돈이 드는 인공위성. 심지어 위성은 수리하려면 지구로 다시 가져와야 하죠. 이렇게 초대형 시스템을 개발하기 때문에 조금의 실수라도 있어서는 절대 안 됩니다. 따라서 고도의 집중력과 끈기가 기본적으로 요구됩니다. 덜렁대거나 꼼꼼하지 못한 태도는 항공우주와 같은 거대 시스템을 개발하는 데 매우 치명적입니다. 그리고 많은 연구자들이 모여서 거대한 시스템을 함께 만들어야 하므로 협동심과 팀워크 정신이 필요합니다. 또한, 항공우주공학자들이 다루는 기계나 시스템들은 대부분 첨단 기술의 집약체입니다. 지상에서 쉽게 성

84

84
직장의 세계

험하기 힘든 하늘과 우주 공간이라는 특수한 환경에 적응하고 작동하는 시스템을 개발해야 하기 때문에 넓은 시야와 창의력도 반드시 필요합니다.

 우주항공연구원에서 일하기 위해서 특별한 자격 조건이 필요할까요?

연구원으로 일하려면 기본적으로 대학원에서 공부하여 석사 또는 박사 학력을 소지해야 지원이 가능합니다. 저는 항공우주공학과를 졸업하고 대학원에서 인공위성을 제어하는 궤도 역학을 공부했습니다. 약 20여 년 전에는 국내에서 이 분야는 전공 교수님이 한두 분일 정도로 희소성이 있고, 또 인공위성을 개발할 때 꼭 필요한 분야라 특화할 수 있겠다고 생각해서 결정했는데, 그 추측이 정확히 맞았습니다.

연구소에서 사람을 뽑을 때 중요한 것은 출신 학교나 성적 등의 스펙이 아닙니다. 일정 수준 이상의 학교에서 석사 또는 박사 공부를 한 후, 관련 연구의 내용이 그 연구소에서 진행하려는 연구에 부합하는지가 가장 중요합니다. 관련 세부 전공을 이미 공부한 사람이 들어와야 연구소에서 진행하고자 하는 프로젝트를 원활히 해낼 수 있을 테니까요. 이를 위해서는 대학원 과정에서도 많은 노력과 공부를 해야만 하고 좋은 논문과 연구결과들을 얻어야만 합니다. 그래서 연구원이 되고자 하는 사람은 전공학과를 선택한 후에 세부 목표도 명확히 세우는 것이 더 좋습니다. 물론 남들이 많이 하지 않는 분야를 찾아서 개척한다면 희소가치를 가질 수 있어 더욱 좋겠지요. 그리고 저 같은 경우, 3전 4기만에 항공우주연구원에 입사했는데요. 처음 대학원을 다니는 동안 2번이나 떨어진 이후 어쩔 수 없이 민간 연구소에서 일하게 되었지만, 끝까지 포기하지 않고 2번을 더 지원하여 결국엔 합격했답니다. 어렵게 입사한 만큼 우리나라의 발전을 위해 일한다는 사명감으로 늘 자부심을 가지고 즐겁게 일하고 있습니다.

 항공우주공학자라는 직업에 종사하시면서 가장 보람을 느꼈을 때는 언제인가요?

1996년 대학원을 졸업하고 처음 참여한 연구 개발 사업이 국내 최초의 다목적 실용 위성인 아리랑 위성 1호의 관제 시스템 개발이었습니다. 인공위성이 해야 할 일들을 스케줄링하고 명령을 만들며, 궤도를 분석하는 소프트웨어를 개발하는 업무를 담당했는데, 당시 국내에서는 개발 경험이 전혀 없었습니다. 더군다나 혼자서 책임을 지고 개발을 해야 하는데 국내는 물론 해외에서도 관련 자료나 정보를 얻기가 매우 힘들었습니다.

결국, 매우 열악한 연구 개발 환경 속에서도 마침내 제가 맡은 소프트웨어를 개발하였고, 1999년 12월 21일 아리랑 위성 1호 발사와 더불어 성공적으로 운영되는 것을 확인하였을 때 무척 기쁘고 보람을 느꼈습니다. 고생은 많았지만, 국가적으로 처음 시도하는 우주 개발 프로젝트에서 저의 첫 연구 개발 성과가 인정받았다는 생각에 매우 설레고 흥분했던 기억이 납니다.

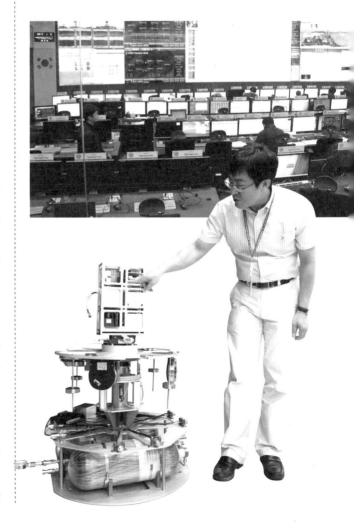

△ 나로호

(2) 인공위성 개발원

❶ **하는 일**: 인공위성의 개발 과정에는 여러 단계가 있다. 먼저 우주에서 어떤 일을 수행할 것인지 인공위성의 기능(기상 관측, 방송 통신, 지상 촬영 등)을 결정하게 된다. 다음으로 탑재체와 위성 본체, 그 외의 장비를 어떤 모양과 구조로 만들지 설계한다. 다음은 제작하고 조립하며, 제대로 작동하는지, 발사할 때 문제는 없는지 등등의 환경시험을 거친 다음, 로켓 발사장으로 이동해서 발사하고, 마지막으로 관제와 운영을 통해서 원하는 데이터를 전송받는다. 인공위성 개발원이 하는 일은 이런 인공위성의 설계와 제작, 환경 시험을 하는 것이라고 할 수 있다. 그 밖에도 세계 인공위성 개발의 기술 변화 등에 대해 분석하고 학습해서 인공위성의 성능 개선과 개발에 참고한다. 만약 인공위성의 결함이 발견되면 그 원인에 대해 분석하여 해결책을 제시한다.

❷ **되는 방법**: 인공위성 개발원이 되기 위해서는 기본적으로 수학 · 확률 등에 대한 흥미와 재능이 있어야 하며, 항공우주학 등 직무와 관련된 학문에 대한 지식이 풍부해야 한다. 우주항공, 물리화학, 제어계측 전자 등을 전공해야 하고 고도의 전문 지식이 필요하므로 학사 및 다년간의 관련 분야의 경력이나 석사 이상의 학위가 필요하다. 주로 한국우주항공연구원, 과학기술원 인공위성연구센터, 인공위성관련 부품 제작업체 등 관련 연구기관과 사업체에 취업하여 활동하고 있다.

아울러 개인적으로는 새로운 기술에 대한 정보 수집, 관리 및 활용 능력, 창의성 그리고 문제 해결을 위한 논리적 사고력 등이 요구된다. 인공위성의 개발 자체가 여러 명이 함께 공동 작업을 하는 일이기 때문에 원만한 인간관계를 유지하는 것도 대단히 중요하다. 인공위성은 기계, 컴퓨터, 전기 전자, 태양 에너지, 통신 등 첨단 기술의 집합체라고 할 수 있기에 한 사람의 힘으로는 완성할 수 없으므로 협동심은 꼭 필요한 자질이다.

❸ **직업적 전망**: 앞으로도 우주 과학은 끊임없이 발전할 것이다. 인공위성의 개발은 통신 수단과 우주 탐험의 수단으로서 국가적으로 대단히 중요한 사업이다. 현재 우리나라는 인공위성 개발 사업에 대해 대대적으로 투자와 지원을 하고 있다. 직업적으로는 새로운 기술을 개발하고 그에 따른 대우를 받으므로 개인적인 발전 가능성이 매우 높은 편이

고, 업무에서의 자율성 및 권한도 큰 편이다. 공채나 특채를 통해 항공기술연구소, 국방과학연구소, 과학기술원 등의 연구기관 등에 채용될 수 있을 것이다.

4. 물리학 관련 직업

물리학은 자연 현상에 있어 가장 기본이 되는 원리를 연구하는 학문이다. 즉 세상에 존재하는 모든 물질로부터 발생하는 현상을 다루는 학문이다. 이러한 현상들은 여러 다른 모습으로 나타나는데 이들에 공통으로 적용되는 것 즉 원리, 법칙, 보편성이라 부르는 것을 찾는 작업이 바로 물리학이다. 따라서 좁게 본다면 지구와 모든 생명체, 넓게 본다면 우주 전체에서 발생하는 물질 및 에너지에 관한 원리를 찾는 탐구 영역을 가지고 있다. 물리학의 발전은 화학이라는 또 다른 기초과학을 발생시켰고, 실생활에 이용하는 각종 공학을 탄생시켰다. 이런 물리학을 표현하는 방식과 소통의 언어가 바로 수학이므로 물리학을 이해하기 위해서는 반드시 수학 공부가 필요하다.

(1) 물리학자

아이작 뉴턴, 마이클 패러데이, 알베르트 아인슈타인, 리처드 파인만 등 살아가면서 그들의 이름을 한 번쯤은 들어 보았을 것이다. 이 사람들이 모두 물리학자다. 물리학자는 자연 현상을 관찰·실험하거나, 물질의 특성이나 에너지에 대한 관찰과 연구를 해서

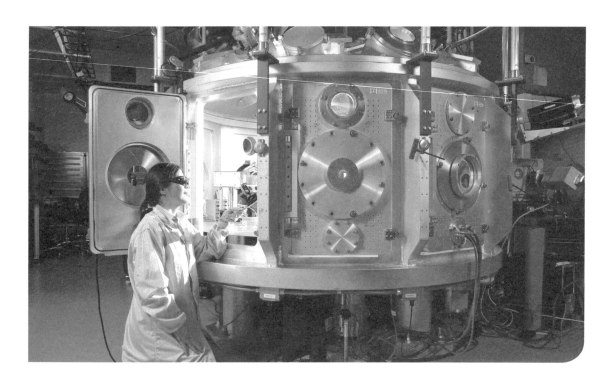

물리학의 원리와 기법을 발전시키고 이것을 다시 산업, 의료, 군사 분야 등에 응용하기 위해 연구하는 일을 한다. 특정 분야(천체 물리학, 입자 물리학, 고체 물리학, 광학, 통계 물리학, 핵물리학 등)를 전문으로 연구해서 논문이나 보고서를 작성하는 일을 하기도 한다. 물리학자들은 정부 기관, 정부 출연연구소, 기업 부설 연구소, 관련 제품 제조업체 등 다양한 분야에서 연구원으로 근무하거나, 대학교수로서 교육과 연구를 병행하기도 한다.

❶ 하는 일: 물리학자는 분자증폭기, 레이저, 전자가속장치, 질량분석기, 전자현미경 등의 전문 장비를 사용하여 물질과 에너지와의 관계 및 기타 물리학적 현상을 관찰하고 실험한다. 이를 통해서 물질의 구조와 운동, 전기나 빛 등 다양한 에너지의 발생과 이동, 물질과 에너지의 상호 관계에 대해서 분석하고 그 분석을 통해 물질과 에너지 등의 흐름과 원리를 밝혀내는 일을 한다. 기존에 밝혀진 다양한 물리학적 기본 원리들을 적용하여 재료 · 전기 · 자기 · 광학 · 의료 · 음향 · 빛 등 인간의 삶에 깊숙이 자리한 기존의 발명품들을 더 편리한 방향으로 개발하는 연구를 실시하기도 한다. 또한 물리학 논문 및 보고서를 작성하여 물리학적 이론 및 검증의 절차를 제안하기도 한다.

❷ **되는 방법:** 물리학자가 되려면 기본적으로 수학, 물리, 화학과 같은 자연 과학에 대한 흥미와 소질을 가지고 있어야 한다. 자연 현상에 대해 호기심을 가지고 관찰하는 것을 즐기며 체계적인 조사나 연구 활동을 선호하는 사람에게 적합하다. 실험실에서의 장시간 동안 실험하고 분석할 수 있는 체력과 끈기, 인내심이 있어야 하며, 물리학 연구 보고서와 논문을 작성할 수 있는 논리적 언어 표현 능력과 문서 작성 능력도 요구된다.

이런 기본적인 바탕 위에서 물리학자가 되기 위해서는 물리학과 관련된 학과로 대학에 진학하는 것이 좋다. 그 밖에 화학 공학, 기계 공학, 전자 공학, 재료 공학, 항공 우주 및 조선 공학 등 공학의 많은 영역들도 물리학을 기반으로 하고 있다. 물리학자가 되고 싶다면, 현대 물리학의 경우 전문성 때문에 보통 대학교에서 물리학을 전공하는 것에서 그치지 않고, 대학원 이상의 공부가 필요하다. 특히 채용 시 박사 학위 이상으로 지원자를 제한하는 경우도 많아 박사 또는 박사 후 과정(post doctor) 교육을 받는 추세다. 한편 연구원이 되기 위해서는 무엇보다 관련 분야의 연구 경험이 중요하기 때문에 학내외에서 수행하는 다양한 연구 프로젝트에 참여하고, 연구 보조원(RA)으로 근무하는 경험도 중요하다.

❸ **직업적 전망:** 물리학자, 물리학 관련 연구원은 다른 직업에 비해 임금이 높은 편이다. 하지만 일자리가 많지 않아 취업 경쟁이 치열하고, 전문성이 요구되므로 자기 계발을 꾸준히 해야 한다. 정부 출연 연구소의 경우 인력이 필요할 때 관련 분야별로 공개 채용이나 특별 채용이 이루어지고 있기에 대부분 해당 연구소에서 연수를 받거나 연구 보조원으로 근무를 하며 경력을 쌓아 응시해서 연구원으로 채용되는 경우가 많다. 석사 학위를 취득하여 연구소에 취업하고, 이후 연구소 생활과 박사 학위 과정을 함께 할 수도 있다. 대학이나 기업의 부설 연구소나 과학 및 공학 컨설팅 회사 등에도 입사할 수 있다.

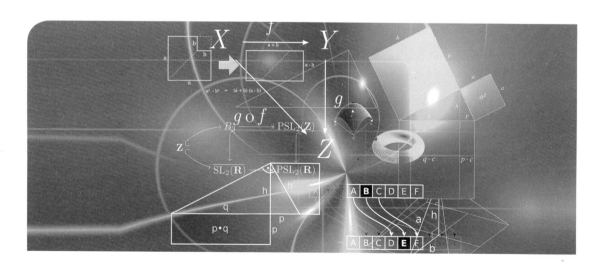

Interview

한국기초과학 지원연구원
양민호

Q 한국기초과학 지원연구원은 어떤 곳인가요?

우리나라의 기초과학 발전을 위해 만들어진 정부 출연연구소로 분석과학 기술에 관련된 연구·개발도 하고, 최첨단 연구 시설과 장비, 연구 인력을 이용해 학교와 산업체에서 필요한 연구지원을 하기도 합니다. 쉽게 말하면 고가의 장비를 갖추지 못한 학교나 중소기업체에서 분석 의뢰를 하면 장비 유지비 정도의 비용만 받고 분석·실험을 해 주는 역할도 합니다. 장비도 최고의 장비이지만 그것을 분석하는 연구진도 경험이 많은 전문가들이기 때문에 보다 더 과학적인, 전문적인 분석을 할 수 있지요. 의사로 따지면 일반의가 아닌 전문의라고 할 수 있어요.

Q 양민호 연구원은 어떤 일을 맡고 있나요?

저는 투과 전자 현미경으로 반도체를 연구하고 있습니다. 원래 삼성종합기술원에서 근무하다가 3년 전에 이 연구원으로 이직했어요. 연봉은 삼성 쪽이 높지만, 안정적으로 연구에 몰입하기에는 국가 기관 연구원이 더 좋을 것 같아서 이직을 하게 됐습니다.

삼성에서 제가 하던 연구와 이곳에서 하는 연구는 거의 비슷합니다. 반도체는 기록을 하는 반도체도 있고, 빛을 내는 반도체, 태양열을 전기로 바꿔 주는 반도체

등 여러 가지가 있지요. 저는 전자현미경을 이용해 인위적으로 만든 결정계 반도체를 연구하고 구조물을 만드는데, 그 목적은 전자의 상태를 이용하기 위해서입니다. 예를 들면 물이 계곡에서 떨어질 때처럼 전자가 높은 곳에서 떨어질 때 에너지를 발생시키는데, 그 높낮이를 조정하는 것이 반도체입니다. 그 반도체가 우리가 원하는 대로 만들어졌는지 보고, 어떤 점에서 잘못 만들어졌는지, 그것을 어떻게 개선할 수 있는지를 연구하지요.

이런 연구를 진행하면서 학교나 기업체에서 분석 의뢰가 들어오면, 그 연구를 도와주기도 합니다. 저 같은 경우 전자현미경을 잘 이용할 수 있으니까 전자현미경으로 분석해야 하는 일도 하고 또 교육을 하기도 하지요.

Q 기업 연구소랑 국가 기관 연구소를 비교해 보면 어떨까요? 일하는 조건이나 분위기 면에서요.

기업 연구소도 연구소마다 상황이 다 다릅니다. 하고 싶은 연구를 할 수 있는 여지가 있는 연구소가 있고, 그렇지 못한 연구소가 있어요. 제가 있던 연구소는 자기가 하고 싶은 연구를 할 수 있었고, 여기와 비슷한 시스템으로 연구에 몰두할 수 있는 편이었어요. 그

> 수학이나 과학 책을 읽는 것보다 **문학이나 철학 책을 읽는 것이 더 크게 도움**이 된다고 생각해요.

런데 시대에 따라 선호하는 직업이나 직장이 바뀌잖아요. 요즘은 안정성을 더 추구하는 추세라 같은 연구를 하더라도 공기업이나 학교로 가는 걸 더 선호하는 분위기입니다.

연봉으로 따지면 지금보다 삼성에 있을 때가 거의 두 배 정도 연봉이 높았어요. 하지만 이곳에서는 자율성이 보장되어서 좋아요. 제 생각에는 자율성이 중요한 것 같아요. 회사는 이익이 안 나면 회사가 어려워지니까 긴장하게 되잖아요. 그러니까 회사의 이윤을 아무래도 계속 신경 써야 하고, 또 회사가 추구하는 방향과 내가 하고 싶은 연구의 방향이 맞지 않으면 일이 재미없고 힘들겠죠. 그래서 연구자의 입장에서는 자율성과 주체성을 가지고 연구할 수 있는 이곳이 훨씬 좋아요. 지금 보시다시피 이 연구실을 혼자 쓰고 있는데, 이 공간에서 어떻게 시간 배분을 하든지, 공간 활용을 어떻게 하든지 제가 결정하고 선택하면 됩니다. 관리자도 거의 없다고 보면 돼요. 관리자는 없지만 그렇다고 계속 놀거나 하는 사람은 없어요. 자율성이 주어지면 더 추진력이 생기는 경향도 있거든요. 그런데 제 생각에는 지금보다 더 자율성이 보장되어야 한다고 생각해요. 지금 이 연구소에서는 나라에서 요청하는 여러 가지 일이 많아요. 자잘한 행정 업무 같은 것들이 많아서 집중력이 흩어지기도 합니다. 회사 연구소에 있을 때보다 지금이 더 바빠요. 창조는 무료해질 때 나온다고 믿거든요. 심지어 졸다가 갑자기 떠오르기도 하는 것이라 연구원들이 좀 더 자유로워지면 더 좋은 결과들을 창출할 수 있을 텐데 하는 아쉬움이 있어요.

 박사 학위를 따고 연구원에 입사하셨나요?

저는 석사과정을 끝낸 후 삼성 연구소에 들어갔고, 회사에 다니면서 박사 학위를

받았어요. 운이 좋은 경우죠. 삼성 연구소에 있다가 이곳에서 연구원을 뽑는다고 해서 지원했습니다. 저처럼 기업 연구소에 있다가 학교나 국가 연구기관으로 이직하는 경우가 꽤 많이 있습니다. 이곳 연구원은 박사 학위를 취득한 후 포스트 닥터(박사 후 과정)를 거친 사람들 위주로 뽑기 때문에 연구원들의 연령대가 높아요. 빠르면 30대 중후반 정도예요. 일반 회사에서는 꽤 높은 지위에 있을 나이인데, 유학을 다녀온 케이스도 많고요.

 정부 출연 연구원이라 경쟁률이 높을 것 같은데, 많은 지원자 중 양민호 박사님이 뽑힌 이유가 무엇일까요?

연구는 분야가 좁아요. 예를 들어 저는 신소재 공학 전공인데요. 신소재 공학 박사가 1,000명이라면 그중 전자현미경을 전공한 사람은 5명이나 될까요. 이곳 연구원에서는 전자현미경처럼 기기 분석을 전공한 연구원을 채용하고, 그중에서 논문 성과가 있는 사람들, 포스트닥터나 회사 경력이 있는 사람, 특허를 낸 사람을 뽑아요. 그런 것은 다른 연구소도 마찬가지입니다. 세부 전공이 맞아야 채용되는데, 이곳에서 전자 현미경을 전공한 사람이 필요했기 때문에 제가 뽑힌 거지요.

논문은 연구하면서 계속 쓰고 계시는 건가요?

논문은 계속 발표하고 있지요. 기업에서는 논문을 쓰기 힘든 경우도 있어요. 왜냐하면 논문을 쓰는 데 엄청난 힘과 시간이 필요하기 때문에 회사 일을 진행하는 데 방해가 되기도 하거든요. 회사는 빨리

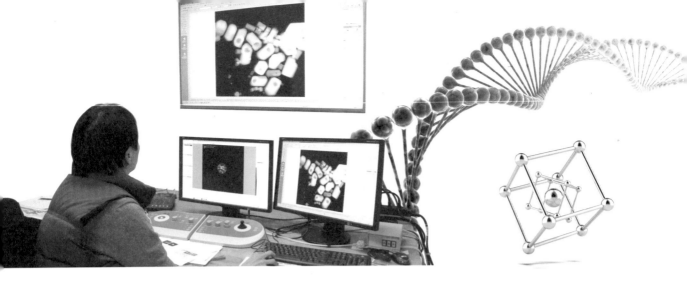

수입을 창출할 수 있는 물건을 만들어 내야 하기 때문에 깊이 있는 연구를 하기 힘든 거죠. 그런데 이곳 연구원에서는 좋은 논문을 많이 발표해야 좋은 평가를 받습니다. 논문을 쓰는 것이 또 연구자의 의무이기도 하구요. 논문 한 편을 쓰는 것은 아주 힘들지만 도전해 볼 만해요. 처음에는 볼품없는 논문이 나오지만 갈수록 경험과 연구가 쌓이니까 좋은 논문을 내게 됩니다. 제대로 하려면 논문 하나에 1~2년은 잡아야 해요. 그냥 글을 써도 한 장 쓰기가 힘든데, 당연히 논문은 더 어렵지요. 과학적 내용을 알아듣기 쉬우면서도, 전문적이고 밀도 있게 정리해야 하고, 수준 높은 데이터를 얻어야 하고 또 관심 있는 소재를 찾아야 하니까요.

연구원이 되겠다고 결정했을 때는 언제였나요?

제가 원래 글 쓰는 것을 좋아해서 출판사에서 일하며 책을 쓰고 싶은 꿈이 있었어요. 그런데 공대에 들어가서 물리학을 배우는데 이게 정말 재미있는 거예요. 특히 양자 역학, 열역학이 재미있었어요. 과학이 철학과 연관된 것이 많이 있어요. 시대 이데올로기와 연관되어 있는 것들이 있죠. 기계적이지 않거든요. 뉴턴의 시대에는 실제로 모든 것을 예상할 수 있다는 믿음을 줄 수 있었어요. 마치 톱니바퀴가 도는 것처럼 시작점을 알면 끝을 예측할 수 있었어요. 그런데 양자 역학에서는 그렇지 않아요. 확률적으로 바뀌게 되죠. 이럴 수도 있고 저럴 수도 있고, 다양성이 있는 거예요. 예를 들면, 우리가 눈으로 보는 것을 실제

모습이라고 생각할 수 있지만, 그것은 빛과 물체와 내 눈의 상호 작용일 뿐 그 실체는 아닐 수도 있다는 거예요. 좀 어려운 얘긴데, 어쨌든 수업 시간에 배운 양자 역학과 제가 따로 읽는 심리학, 철학책에서 서로 연관성을 찾고 새로운 걸 깨닫는 과정이 아주 재미있었어요. 그러다 보니 전문성이 생기고, 또 더 욕심이 생기면서 논문을 열심히 쓰고, 연구가 쌓이다 보니 이곳 연구원으로 이직할 수 있는 기회가 생긴 거죠. 그러니까 처음부터 꿈꾸고 계획대로 차근차근 갈 수도 있지만, 저처럼 흘러가다가 우연히 평생 함께할 것을 만나기도 하는 것 같아요.

그동안 연구하면서 가장 보람된 일은 무엇이었나요?

보람 있는 일은 영어를 극복하고 논문을 낸 것이 저한테는 아주 의미있는 작업이었어요. 그냥 학부 졸업할 때 쓰는 논문이 아니라 SCI(Science Citation Index, 과학기술논문 색인지수)에 수록되는, 그러니까 세계적으로 공인된 논문을 써냈다는 것이 가장 기억에 남아요. 지금은 그렇지 않지만 예전에는 SCI에 수록되는 논문을 냈다고 학교에 플래카드가 나붙을 정도로 쉽지 않은 작업이었거든요. 사실은 한글로 논문을 쓰기도 쉽지 않아요. 더군다나 저는 논문을 교수님한테 배운 것이 아니라 혼자 써야 하는 상황이어서 더욱 어려웠는데 모로코, 우크라이나 동료의 도움을 받아 완성할 수 있었어요. 제가 아는 단편적인 지식을 앞뒤로 이야기를 짜고, 또 의미 있는 결과를 얻

기도 해서 SCI 논문으로 학계에 보고했지요. 사이트에 들어가 보면 제 논문이 얼마나 많이 인용되었나 확인할 수 있는데, 소심하게 자꾸 체크해 보지만 제 논문을 많이는 안 '보더라고요. 그래도 제 개인적으로는 정말 의미가 있는 작업이었어요.

Q **정말 공부를 좋아하고 엉덩이가 무거워야 연구원을 할 수 있는 것 같아요.**

저는 엉덩이가 무겁진 않아요. 체력이 받쳐 주질 않아서 장시간 계속 앉아 공부하는 것은 못 합니다. 대신 계속 그 문제를 머릿속에서 생각하고 있지요.

Q **어떤 성향의 사람들이 연구원이란 직업과 잘 맞을까요?**

논리적인 사람이랄까요? 일단 자연 현상에 관해 관심이 있어야 할 것 같아요. 저 같은 경우, 일부러 물리학과에 가서 양자 역학 수업을 들었거든요. 그러니까 다른 사람은 관심 없어 하는 과학의 특정한 분야가 막연하게 좋은, 그런 남다른 관심과 논리를 갖춘 사람이 좋을 것 같아요. 반면, 빨리 결과가 나오지 않으면 힘들어하는 사람은 연구원을 하면 안 될 것 같

아요. 또 돈이 될 만한 것을 원하는 사람도 안 되고요. 왜냐하면 평생 연구를 해도 뭔가 엄청 큰 업적이나 결과를 내기가 쉽지 않고, 자기만족 수준에서 끝날 확률이 높거든요.

Q **정년 퇴임 후에도 하시던 연구와 연계된 일을 할 수 있을까요?**

이곳은 61세가 정년입니다. 퇴임 후 어떻게 될지는 모르지만, 저 같은 경우는 베트남이나 카자흐스탄 등으로 가서 제가 아는 것, 연구해 온 것들을 전수할 수 있는 교육 관련 일을 더 할 수 있게 되기를 희망합니다.

Q **연구원이 되고 싶은 청소년들에게 해 주고 싶은 조언이 있다면요?**

제 경험으로는 수학이나 과학책을 읽는 것보다 문학이나 철학책을 읽는 것이 더 크게 도움이 된다고 생각해요. 과학은 어떻게 생각하느냐의 문제가 많거든요. 결국 무엇을 찾아가는 것이라서 생각의 깊이를 만들어 낼 수 있는 것을 연습하라고 얘기해 주고 싶어요. 외국의 '과학사'하는 사람들처럼, 과학을 인문으로 확장하는 등 더 넓은 눈으로 과학을 보면 좋겠어요.

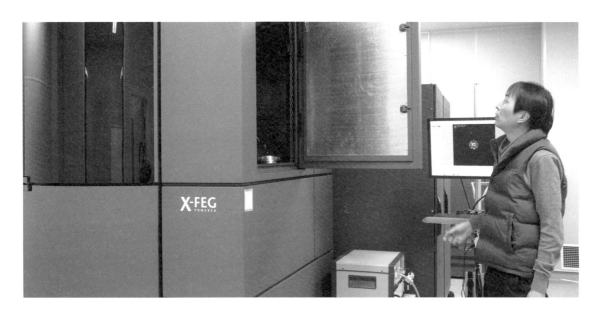

5. 수학 관련 직업

수학은 물건을 헤아리거나 측정하는 것에서 시작되는 수(數)와 양(量)에 관한 학문이다. 철학, 천문학, 약학과 함께 인류의 역사상 가장 오래된 학문으로 물리학, 공학, 통계학, 건축학, 경제학, 심리학 등 다른 학문의 기초가 된다. 수학은 '과학의 언어'로 불리며, 자연 과학이나 기술의 발전에는 물론, 사회 · 인문 · 군사 등 인류 사회의 거의 모든 분야의 발전에 크게 공헌하고 있다.

🔵 피타고라스
(Pythagoras, B.C. 570~495)

(1) 수학자

수학자는 말 그대로 수학을 주로 연구하고, 발전시켜 나가는 사람을 말한다. 전문 연구 분야에 따라서 순수 수학자, 응용 수학자로 구분된다. 사실 우리 삶에 있어서 수학이 관련되지 않은 분야가 거의 없으며, 이에 따라 수학자들의 역할은 더욱 중요해지고 있다. 수학자는 수학적 지식 자체를 연구하거나, 암호학과 컴퓨터 공학이나 연산 연구, 엔지니어링, 금융 수학 등에 적용하는 과정에 대한 연구를 하거나, 수학 또는 통계학 이론을 사용하여 과학, 공학, 사업 및 사회과학과 같은 분야의 문제를 해결하는 일을 한다. 생명 과학, 물리학, 사회학, 보험학 및 공학 분야의 문제를 해결하기 위해서 기술을 개발 · 응용하는 데 관련된 수학적 업무를 수행하기도 한다.

❶ 하는 일: 수학적 지식과 이론을 바탕으로 활용해서 경제학, 과학, 공학, 물리학 등의 관련 문제를 해결하기 위한 연구를 하는 사람이 수학자, 혹은 수학연구원이라고 할 수 있다. 이들은 우리가 학문으로 접할 수 있는 대수학, 기하학, 확률과 같은 전통적인 수

학 분야와 자연 과학, 엔지니어링, 컴퓨터 공학, 금융, 경영학과 같은 분야의 문제를 해결하기 위해 수학적 지식을 활용하는 연구를 수행한다. 수학과 이를 활용한 통계학은 밀접한 관련이 있다. 따라서 수학자는 통계학적 방법론을 개발하여 생물학 및 농학, 사업 및 경제학, 자연 과학 및 공학, 사회 과학과 같은 분야에 정보를 제공하기도 한다.

❷ **되는 방법:** 수학에 대한 전문적 지식을 가지고 있어야 하며, 수학 공식 및 수학적 지식을 이해하여 실제에 응용·적용할 수 있는 능력이 요구된다. 새로운 것에 대한 탐구 정신과 호기심이 요구된다. 따라서 탐구 정신과 사물에 대한 흥미, 호기심이 큰 사람에게 적합하며, 분석적 사고력과 꼼꼼하고 책임감 있는 성격을 가진 사람들에게 유리하다. 문제 해결을 위한 논리적 사고력 및 분석력, 그리고 새로운 방법으로 문제 해결을 시도할 수 있는 창의력도 필요하다.

수학 또는 통계학 이론을 연구하고 과학, 공학, 사업 및 사회 과학과 같은 분야의 문제 해결을 위해 수학이나 통계학적 기술을 개발하고 응용하는 일을 하기 때문에 주로 대학, 정부, 은행 및 신용 회사, 보험 회사, 연금 컨설팅 회사나 과학 및 공학 컨설팅 회사에 취업을 하는 일이 많다. 또한 경력이 된다면 공채나 특채를 통해 국내외 대학의 교수와 연구원 또는 기업체의 전산실, 금융 기관 등에 채용될 수도 있다. 수학 및 통계학 연구원이 되기 위해서는 수학과나 통계학과에 진학하여 석사 학위 이상의 학력을 소지할 필요가 있다. 석사과정 중에 수행하는 다양한 연구 프로젝트에 참여하고, 각종 연수 프로그램의 참여 경험도 취업 시 유리한 조건이 된다. 특히 경력직 채용 시 박사 학위 이상으로 지원자를 제한하는 경우도 많아 박사 또는 박사 후 과정(post doctor)의 교육을 지속해서 받을 것을 염두에 두어야 한다.

❸ **직업적 전망:** 수학자는 일자리가 많거나, 일의 규모가 커지는 정도가 낮은 편이며, 따라서 취업 경쟁도 치열한 편에 속한다. 하지만 다른 직업과 비교하면 임금은 높은 편이다. 전문성이 요구되는 직업이기 때문에 자기 계발을 꾸준히 해야 한다. 근무시간이 규칙적이며, 물리적 근무 환경은 쾌적해서 육체적 스트레스는 심하지 않으나, 숫자를 다루는 직업이기에 정신적 스트레스는 평균보다 심한 편이다. 전문성을 바탕으로 하기 때문에 업무에 대한 자율성은 높은 편이다.

△ 엥겔 계수를 발표한 통계학자
에른스트 엥겔

(2) 통계학자

❶ **하는 일:** 통계학자는 수학 이론을 바탕으로 우리 사회 전반에 걸쳐 일어나는 여러 현상과 문제들을 통계 조사하고 그 결과를 분석하는 일을 하는 사람이다. 자연, 사회, 경제 현상 등에서 얻은 자료를 과학적인 방법으로 분석하고 추론하여 만든 통계 정보는 우리 삶과 정책 곳곳에서 가장 적절한 결정을 내릴 수 있는 기준이 된다. 따라서 이런 통계 정보는 경제학 · 생물학 · 농업 · 환경 · 공학 · 의학 · 심리학 · 마케팅 · 행정 · 교육 등 우리 사회의 거의 모든 분야에서 중요하게 활용되고 있다.

통계학자는 또한 통계학의 기초가 되는 수학 이론을 통해 새로운 평가 방법을 개발하기도 한다. 조사해야 할 통계 정보의 활용 가능성과 필요 여부를 판단하거나, 필요한 통계 정보에 대한 계획을 세우고 조사표를 만들어 조사하며, 수집한 자료를 검토하고 정리하는 일을 한다. 기존에 만들어진 통계 정보를 통해 미래의 모습을 예측해 보는 일도 한다.

❷ **되는 방법:** 통계학자는 기본적으로 수학자와 같은 자질이 필요하다. 무언가를 관찰해서 이를 분석하고 정리하는 일을 하므로 기본적으로 분석적이고 꼼꼼한 성격이어야 한다. 새로운 것에 대한 탐구 정신과 호기심도 필요하고, 수학 공식을 실제 조사에서 응용할 수 있는 응용 능력과 문제 해결 능력도 필요하다. 대학에서도

전산을 깊이 있게 배우게 되는데, 이처럼 컴퓨터를 이용하여 자료를 검토하고 분석 · 분류하는 일을 하므로 컴퓨터 활용 능력이 뛰어나야 한다.

통계학자가 되려면 기본적으로 대학에서 통계학이나 수학을 전공하는 편이 유리하다. 대학에서는 기초적인 수학 및 전산 과목과 함께 수리통계학 · 응용통계학 · 표본조사론 · 회귀분석 · 확률론 등을 배우게 될 것이다. 대학을 졸업하면 통계청과 같은 정부 기관, 언론 기관, 각종 여론 조사 기관, 기업의 연구 조사나 마케팅 부서에서 일하게 되는 것이 보통이다.

❸ **직업적 전망:** 통계학자는 일반적으로 연구소나 기업에서 일할 경우, 혼자서 업무를 진행하는 것이 아니라 과학자 · 공학기술자 · 경제학자, 언어학자 등과 한 팀을 이루어서 일하거나 수학적인 분석이 필요한 분야의 직접적 담당자로 일한다. 보통 서로 업무

를 주고받기 때문에 불규칙적으로 정보나 자료 분석에 대해 요구받을 경우, 초과 근무를 해야 할 때도 있다. 현재는 4차 산업혁명을 포함, IT 업계에서도 분석과 통계를 주로 하는 직업인 '빅데이터 전문가'로 주목을 받는 편이다. 국가 공인 자격증, 국제 자격증을 취득해 두면 도움이 된다.

6. 생물학 관련 직업

생물학은 생명과 생물을 연구하는 자연 과학의 한 분야로서, 생물의 구조와 기능 성장, 진화, 분포, 분류 등을 과학적으로 연구하는 학문이다. 대상 생물의 종류에 따라 동물학, 식물학, 미생물학 등으로 나뉜다. 기초 학문으로 원래는 생명 현상의 탐구에 목적을 두고 있으나, 연구된 많은 생물학적 정보와 지식은 의학 · 농학 · 수산학 등 응용 분야에 크게 이롭게 이용되고 있다. 생물의 종류가 현재 알려진 것으로 약 150만 종이지만, 학자들은 이보다 몇 배 또는 수십 배의 종들이 더 있을 것으로 추정하고 있다.

(1) 생명과학(생명공학) 연구원

❶ 하는 일: 생명과학 연구원은 생물학 · 의약 · 식품 · 농업 등 각종 분야의 이론과 응용에 관한 결합 연구를 통하여 다양하며 복잡한 생명 현상을 탐구한다. 생명과학 연구원의 연구 영역은 세분화되어 있지만 연구 대상을 중심으로 살펴보면 크게 사람, 동물, 미생물, 식물 분야로 나눌 수 있다. 각 영역에 따라 하는 일에 차이가 있지만 대부분 생명체의 생존, 에너지, 기능 관계 등에 관한 연구와 응용에 대해 연구를 수행하는 것이 보통이다. 또한 이 과정 전후로 실험, 분석, 보고서 작성 등의 업무를 수행한다.

❷ 되는 방법: 생명과학 연구원은 크든 작든 살아있는 모든 것들의 생성과 성장 및 소멸과 같은 생명 현상에 대한 호기심을 가지고 관찰하는 것을 즐길 수 있어야 한다. 또한 문제에 대한 답을 구하기 위해 정보를 분석하거나 논리적으로 설명하는 능력도 필요하다. 기본적으로 생물학과 자연 과학 전반에 걸친 지식이 필요하다. 실내외에서의 실험이 하는 일의 상당 부분을 차지하므로 이런 업무 환경이 열악하다고 해서 지적 호기심과 흥미를 잃어버리지 않는 직업에 대한 사랑도 중요하다. 장기적으로 이루어지는 연구가 많기 때문에 자기가 맡은 연구 과제에

97

대해 끝까지 연구할 수 있는 계획성과 꾸준하고 성실한 마음가짐도 필요하다. 보통 대부분의 연구원이 그렇지만, 팀을 구성하여 연구하는 경우도 많으므로 다른 연구원들의 의견을 존중하고 받아들이는 원만한 대인 관계 능력도 필요하다.

생명과학 연구원이 되기 위해서는 먼저 대학에서 생물학과 · 생물공학과 · 미생물학과 · 생명과학과 · 생명공학과 · 유전공학과 · 바이오생명과 · 농업생명과학과 · 의학과 · 약학 등에 입학해서 이후 전문적으로 하고 싶은 분야를 탐색하기 전에 전반적인 지식을 쌓아야 한다. 주로 자연 과학과 관련한 기초 지식을 쌓아 나가다가, 시간이 가면 좀 더 전문적인 지식을 습득하게 될 것이다. 대학원 과정부터는 자신이 관심을 둔 세부 전공을 집중적으로 공부하게 되고, 연구원이 된 후에도 석사과정의 세부 전공을 중심으로 연구를 수행하게 될 것이다.

이 과정에 다양한 연구에 참여하여 관련 논문을 저널에 제출하는 등 연구 경력을 쌓는 것도 필요하며, 연구 보조원으로 일해 보거나 일부 정부 출연 연구소에서 시행하는 현장 연수 프로그램에 참여하면 관련 기관에 취업하는 데 도움이 된다.

❸ **직업적 전망:** 정부 기관, 정부 출연 연구소, 기업 부설 연구소, 의약품 제조업체, 식품 제조업체, 화학제품 제조업체, 생명기술회사 등으로 진출할 수 있다. 정부 출연 연구소의 경우 연초나 연말에 공채도 있고, 인력이 필요할 때 수시로 관련 분야별로 특별 채용이 이루어진다. 채용 시 전공과 연구 경력이 주된 평가 요소가 되며, 해당 연구소에서 연수를 하거나 연구 보조원으로 근무하다 능력을 인정받아 연구원으로 채용되는 경우도 있다. 근무시간은 보통 오전 9시에서 오후 6시까지이지만 연구의 특성상 실험 결과를 지속적으로 확인해야 하는 연구가 많아 연구실에서 야근을 하거나 새벽에 출근해야 하는 경우도 잦다. 업무는 대부분 연구실이나 실험실 등에서 이루어지지만 생물이나 에너지, 자원, 농업, 해양 등의 분야에 종사하는 생명과학 연구원은 연구 수행을 위해 실외에서 활동하기도 한다. 연구 수행 시 일부 위험한 유독성 물질 등을 다루는 경우도 있어 실험 시 안전 수칙을 잘 지켜야 한다.

기후 변화 및 고령화 등 인류 난제를 극복하기 위한 핵심 기술로서 생명공학이 중요시되고 있고, 보건 · 의료, 생물 정보, 환경, 에너지 등 타 기술과의 융합과 응용 분야가 확대되는 추세라서 직업적 미래가 어둡지는 않다. 국가적으로도 미래 국가 경쟁력을 높이고 발전의 중심이 될 첨단 생명공학 기술 개발과 바이오 산업 육성에 많은 노력을 기울이고 있다. 따라서 생명공학 산업의 기반이 되는 각종 기초 연구와 응용 연구를 수행하는 생명과학 연구원의 일자리도 향후 생명공학 산업의 성장과 함께 증가할 것으로 예상된다. 생명과학 분야에 대한 관심 증대로 국내외 대학에서 전문 연구 인력들이 꾸준히 배출되고 있기도 하다.

그러나 생명공학 관련 벤처 기업을 비롯해 관련 업체의 근무 환경이나 보수가 좋지 못한 경우도 있고, 이와 비교해서 상대적으로 보수가 높고 고용이 안정적인 대덕연구단지 등에 밀집한 정부 출연 연구기관이나 대기업의 연구소 같은 경우 취업 경쟁이 매우 치열한 편이다.

(2) 유전자감식연구원

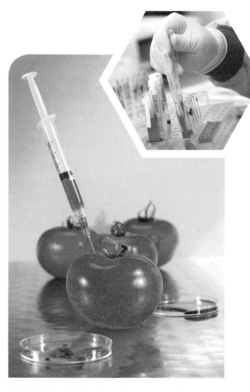

❶ 하는 일: 유전자감식연구원은 희소성에도 불구하고 일반인들이 뉴스나 영화, 드라마에서 자주 접할 수 있는 직업이다. 죽은 지 아주 오래되거나 화재로 소실된 시신, 유골만 남아 신원을 파악할 수 없는 경우 이런 사람들의 신분을 확인해 주는 DNA 검사가 바로 유전자감식연구원에 의해서 이루어지기 때문이다. 이 밖에도 미아, 실종 가족 등을 찾기 위한 DNA 검사도 하고 있다. 우리나라의 유전자 감식 업무는 1991년 국립과학수사연구소와 대검찰청에서 시작하였다. 유전자 감식 연구원은 각종 생물, 화학적 지식을 통해 사건 해결이나 사람을 찾는 데 결정적인 단서를 제공하는 일을 하고 있다.

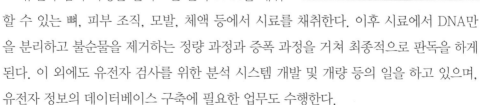

유전자 검사 과정을 살펴보면 먼저 DNA를 채취할 수 있는 뼈, 피부 조직, 모발, 체액 등에서 시료를 채취한다. 이후 시료에서 DNA만을 분리하고 불순물을 제거하는 정량 과정과 증폭 과정을 거쳐 최종적으로 판독을 하게된다. 이 외에도 유전자 검사를 위한 분석 시스템 개발 및 개량 등의 일을 하고 있으며, 유전자 정보의 데이터베이스 구축에 필요한 업무도 수행한다.

❷ 되는 방법: 유전자감식연구원은 세밀한 분석과 수사적 감각이 요구되는 직업이므로 침착한 성격과 정신적인 강인함이 필요하다. 분석과 해결 기간이 상당히 오래 걸리기도

전국 267개 경찰관서 → 유전자 시료 채취 | DNA 분리 | DNA 증폭(PCR) | DNA 정량 | 유전자형 판독

연쇄 성범죄 확인 시스템

경찰
전국 260여 개 경찰서
2011년 19,498건
성범죄 발생

국과수
유전자 분석 2실
성범죄 사건별 유전자 분석 ···· 연쇄 성범죄 D/B 확인

국과수/경찰
연쇄 성범죄 관서 통보
광역 협조 수사
관서 의뢰 용의자 중, 범죄자 지목 통보
범인 검거

하므로 인내심과 지구력도 필요하다. 검사의 결과가 주는 영향력이 엄청나기 때문에 항상 검사의 일관성을 유지하기 위해 업무 처리에 있어 치밀함도 갖추어야 하며, 새로운 검사법이나 분석 기기에 대한 정보 수집도 열심히 해야 한다.

유전자감식연구원이 되려면 일단 대학의 유전학과 · 생물학과 · 생물화학과 등에 진학하면 유리하다. 이후 자신의 진로를 이쪽으로 정한다면, 현재 공식적으로 유전자 감식을 통한 수사의 참여가 가능한 곳은 국립과학수사연구소 내의 유전자감식센터와 검찰 내 검사실 정도이다. 물론 이 경우는 '수사연구원'이라는 타이틀을 가지게 된다. 따라서 유전자감식(수사)연구원이 되기 위해서는 우선 위 기관의 국가 공무원(연구직)이 되는 것부터 시작한다. 또한 감식과 검사, 판정의 모든 과정이 이제는 시스템화되어 있기 때문에 업무 환경 관련 전산 지식도 갖추어야 한다.

❸ **직업적 전망:** 현재 국립과학수사연구소와 검찰의 검사실에서 일하는 유전자감식 인력은 40명 내외로 나타나고 있다. 이 숫자는 선진국인 미국 · 영국 · 일본 등에 비해 많이 부족한 형편이다. 따라서 정부에서도 과학 수사의 중요성을 인식하여 각종 지원 및 법적인 근거를 마련 중이며, 인원 및 조직을 보강하려는 계획을 가지고 있다.

우리 주변에서 볼 수 있는 실종 아동 찾기 사업이나 연쇄 성범죄자 확인 데이터베이스 구축 사업도 모두 유전자감식 인력과 관련이 있는 사업이며, 이런 사업들을 추진 중이므로 이 분야의 인력 수요는 다소 증가할 것으로 예상된다. 유전자감식 연구원이 받는 보수는 공무원 보수 규정 중 연구직으로 경력 및 직급에 따른 대우를 받고 있다.

(3) 유전상담 전문가

❶ **하는 일:** 유전상담 전문가라는 말에는 '유전상담'과 '상담전문가' 라는 두 직업이 결합되어 있음을 알 수 있다. 먼저 유전상담이란 유전병에 대한 지식과 정보를 제공하기 위한 상담을 말한다. 유전 병을 치료하고 결혼·출산 등 특수한 상황에서 도움을 줄 수 있도 록 정확한 정보를 제공하는 데 그 목적이 있다. 상담전문가는 성 격, 적성, 지능, 진로 및 신체적·정서적 증상 등에 대해서 어려움 을 겪고 있거나 변화를 모색하는 개인에게 검사와 상담 프로그램 등을 활용하여 문제 해결을 돕고 관련 행위를 하는 사람을 말 한다. 따라서 유전상담 전문가는 유전병 등에 대한 상담을 전 문으로 진행하는 사람을 말하며, 유전성 희귀 난치성 질환 환 자와 가족들에게 상담 서비스를 통해 명확한 유전 질환 정보 등을 제공하는 일을 하고 있다. 우리나라에서는 아직 보편화 되지 않은 직업이지만 미국 등 선진국에서는 인기 직종이다.

유전상담 전문가는 일차적으로 유전 질환을 앓고 있는 환자와 가족에게 해당 유전 질환이 무엇인지, 질환의 증상과 경과 과정, 가족 구성원의 재발 위험도, 또 어떻게 유 전되는지 등에 대한 의학적·유전학적 정보를 제공한다. 다음에는 상담 과정을 통해 환 자와 가족들이 유전 질환과 관련된 유전자 검사와 그 결과를 포함한 정보를 충분히 이해 할 수 있도록 도와주고, 이것을 바탕으로 환자 자신과 가족에 대해 최선의 결정을 내릴 수 있도록 상담해 주는 일을 한다.

현재 알려진 희귀 질환 약 7,000여 종 중 80% 이상은 유전성 소인으로 난치성 질 환이라고 한다. 그런데 희귀 질환은 가족 내 재발 및 대물림으로 이어질 수 있기 때문에 이에 따른 심리적·사회적 부담도 매우 큰 것이 사실이다. 따라서 환자나 가족들은 상 담을 통해 질환의 경과나 재발 위험도를 먼저 충분히 이해하는 과정이 매우 중요하다.

국내 희귀 질환자는 약 70만 명(2016년 기준)에 이르는 것으로 추정된다. 이들 중 145종의 질환자를 대상으로 의료비가 지원되고 있지만, 질환을 이해하기 위한 유전상 담은 지원 대상에 포함되지 않아 환자 및 가족들이 많은 어려움을 호소하고 있다. 이런 점에서 유전상담 전문가의 역할은 큰 의미가 있다.

선진국의 경우 1980년대 이후 모든 임신부에게 유전자 마커 테스트를 시행하고 유 전상담사에게 유전상담을 받도록 함으로써 희귀 질환의 유전을 예방하고 있다. 그러나 국내에서는 희귀 질환자 및 가족력이 있는 사람들은 자녀에게 질병을 대물림할 것을 우 려하여 정확한 정보 없이 출산을 기피하거나 인공 임신 중절을 행하고 있는 형편이다.

유전상담 전문가는 바로 이런 사람들이 의학적 · 유전적 · 심리적 · 사회적 측면에서 유전 질환을 충분히 이해할 수 있도록 전문적인 정보를 제공하고 적절한 대응 방법을 선택할 수 있도록 지원한다.

❷ **되는 방법:** 유전상담 전문가가 되려면 먼저 병의 원인과 예방 및 치료법 등의 정보는 물론, 병을 치료하거나 치료하지 않았을 때 예상되는 결과와 진단 및 치료에 드는 비용 등에 대해서도 알려 줄 수 있는 대화술과 공감 능력이 필요하다. 귀중한 생명을 다루는 일인 만큼 생명을 존중하는 올바른 도덕심과 윤리관을 가지고 있어야 한다. 유전상담 전문가가 되려면 대학과 대학원에서 생물학 · 심리학 · 생명과학 등을 전공하는 것이 유리하다. 간호사 · 임상기사 등 의료계열의 학부 과정 수료자는 물론, 생명과학 등의 이과계열의 학부 과정 수료자, 사회복지학 · 심리학 등의 문과계열 학부과정 수료자를 포함해 폭넓은 영역의 학부 졸업생 및 실무 경험을 가진 사회인도 유전상담 전문가가 될 수 있다.

임상유전학에 관련되는 의학적 지식과 심리 사회적 사항에 관한 지식 및 카운슬링 기술, 유전 의료의 윤리와 법규 등을 습득하고 의료 현장에서 충분한 임상 사례의 임상 실습을 통하여 석 · 박사 과정을 거쳐 유전상담 전문가로 다양한 분야에서 활약할 수 있다.

❸ **직업적 전망:** 희귀 난치성 질환, 유전성 질환을 가진 환자와 가족들에게 유전상담 외에도 유전자 검사 · 산전 검사 등을 시행하는 검사 기관, IRB(임상시험심사위원회), 교육 개발 분야뿐만 아니라 행정 정책 분야, 연구 분야, 공공 기관 등 향후 여러 분야에서 전문 지식을 가지고 활동할 수 있는 비전 있는 직업이다.

선진국은 이미 1970년도부터 유전상담이 임상유전학 전문 의료서비스의 일환으로 유전상담의 교육과 수련 및 인증이 보편화되었지만, 우리나라는 지난 2015년 연말에 와서야 '희귀질환관리법'이 제정됐고 시행령과 시행규칙까지 갖추고 본격적으로 법이 시행된 것은 2016년 말부터다.

향후 희귀 난치성 질환자들에 대한 국가적 지원이 조금씩 확대되고 있지만, 환자들의 고통을 달래기에는 여전히 미흡한 수준이라는 평가다. 따라서 국내에서 유전상담 서비스는 이제 막 시작 단계이다. 사실상 국내 의료 환경상 환자에게 전문의가 5분 이상

진료 시간을 할애할 수 없는 상황에서 전문의와 함께 유전 의료의 팀이 되어 유전상담 서비스를 제공하는 역할을 담당할 유전상담 전문가는 꼭 필요한 상황이다.

(4) 생명정보학자

한 생명체가 가지고 있는 유전정보의 총합을 게놈이라고 한다. 이 유전정보를 청사진에 비유하는 것은 생물체를 만드는 데 필요한 설계도라는 의미가 있기 때문이다. 20세기 분자 생물학의 눈부신 발전으로 베일에 가려졌던 생명 현상들이 밝혀지면서 염기 서열을 비롯한 많은 기초 데이터들이 생겨났고, 이러한 자료를 바탕으로 체계적으로 수집·정리·가공하는 생명정보학에 대한 요구가 증가하였다. 생명정보학자는 바로 이런 생물학 관련 데이터를 컴퓨터로 정리·분석·이용하는 방법을 연구하는 사람이다.

❶ **하는 일:** 생명정보학자는 말 그대로 생명의 정보를 다루는 사람이다. 생명의 정보란 곧 유전자에 담긴 정보를 말한다. 이 정보를 알면 질병에 걸릴 가능성도 짐작할 수 있다. 하지만 이런 정보는 암호로 숨겨져 있는 비밀과 같다. 그래서 생명정보학자는 생물학뿐 아니라 수학, 화학, 컴퓨터 공학 등의 학문을 동원하여 유전자의 암호를 푼다. 이것을 분석한다고 말할 수 있을 것이다. 생명정보학자는 여러 가지 생물학, 의학, 물리, 화학 등과 관련된 데이터를 컴퓨터로 정리·분석하고 연구한다. DNA 시퀀서, CCD 장치, 분광 측광기와 같은 첨단 실험 장비를 활용해서 밝혀낸 신호를 수집·처리하고, 생명 정보와 관련된 샘플 추적, 실험 관리 등을 하며, 생물학과 관련된 데이터베이스를 구축하고 저장한다. 그리고 이렇게 수집한 대용량 데이터에서 패턴(pattern match)과 규칙(signature)을 찾고, 이러한 패턴으로 새로운 데이터의 특성을 예상하는 작업 등이 생명정보학자의 업무다.

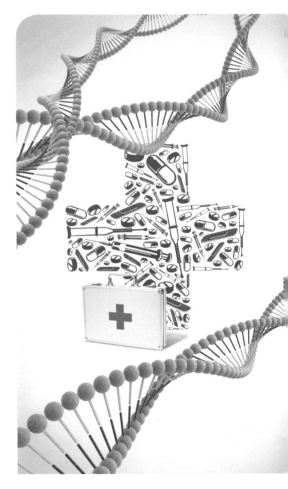

②되는 방법: 먼저 생명정보학자가 되기 위해 갖춰야 할 능력은 협동심이다. 생물과 컴퓨터 분야의 전문가들이 모여서 논의를 하여야 좋은 결과를 거두기 때문에 다른 사람들과 어울려 의견을 나누고 돕는 능력은 굉장히 중요하다. 다음으로 컴퓨터로 명령어를 만들어 프로그래밍을 해야 하기 때문에 프로그래밍의 기초가 되는 수학도 잘해야 한다. 생명정보학자가 되려면 먼저 대학의 생명정보학과·생명정보공학과·바이오시스템학과·생물학과·화학과·물리학과 등에 입학하는 것부터 출발한다. 대학 졸업 후에는 대학원에 진학하여 석사나 박사 학위를 받고, 석·박사학위 취득 후에는 연구소나 의료기관, 바이오 산업체, 제약회사에 입사하거나 대학소속 연구실에서 일하는 것이 보통이다. 연구기관은 필요한 인력이 있을 때마다 수시로 채용하는 경우가 많고, 교수 추천과 학위 논문을 보고 간단한 면접을 통해 채용이 이루어지기도 한다.

③직업적 전망: 사람들의 건강을 책임지는 의료 산업은 절대 시들지 않는 시장이라고 말한다. 따라서 이런 시장에 속한 직업군은 앞으로도 전망이 밝은 편이다. 병원을 방문하고, 병이 생긴 다음에 치료하는 시대는 이제 가고, 예방의학과 개개인에게 맞춘 의료 행위가 21세기 의료 산업의 중심이 될 것으로 보고 있다. 따라서 개개인(반려동물도 포함될 수 있다)의 유전자를 검사하고 건강의 변수를 예측하거나 미리 주의하는 직업과 회사도 생겨날 것이다. 생물정보학자는 이런 곳에서 일할 수 있을 것이다.

7. 화학 관련 직업

화학은 물질의 성질·조성·구조 및 변화를 연구하는 학문이다. 일반적으로 물리화학·무기화학·분석화학·유기화학·생화학·고분자화학 또는 공업화학 등으로 분

류하고 있다. 물질의 조성이란 어떠한 성분이 얼마만큼 들어 있는지를 밝히는 것이고, 물질의 구조란 보통 결정 구조, 더 나아가서는 분자 구조까지 말한다. 성질이나 변화는 분자 속 전자의 상태와 움직임을 화학식을 써서 설명할 수 있다. 라부아지에의 화학적 변화에서의 질량 보존의 법칙, 돌턴의 원자설, 아보가드로의 분자설, 멘델레예프의 원소의 주기율표 등을 거쳐 양

자 역학으로 발전되어 현대 화학의 기초가 거의 완성되었다.

(1) 화학연구원

❶ 하는 일: 화학연구원은 물질의 성분 특성 및 상호 작용을 연구하고 열·빛·압력 등의 물리적 요인의 변화에 대한 반응을 측정하며 물질의 변환을 통한 새로운 물질의 창조 과정을 연구·개발한다. 그리고 분광학 및 분광광도 측정법 등의 기술을 이용하여 화학적인 특성 및 무기 화합물을 분석하기도 한다. 이런 분석을 통해서 합성 메커니즘을 밝혀내거나 새로운 고분자 물질을 발견하기도 한다.

❷ 되는 방법: 화학연구원은 기본적으로 수학·물리·화학과 같은 자연 과학에 대한 흥미와 소질을 가지고 있어야 하며, 무언가 새로운 것을 만들거나 들여다보는 탐구 정신과 호기심, 창의성과 문제 해결을 위한 논리적 사고력과 분석력, 정확한 판단력이 요구된다. 실험실에서 장시간 동안 실험하고 분석하는 것이 주 업무이기 때문에 체력과 끈기, 인내심이 있어야 한다. 화학 연구 보고서와 논문을 작성할 수 있는 논리적 언어 표현 능력과 문서 작성 능력 또한 더불어 요구된다.

보통 화학연구원이 되려면 대학에서 화학 또는 화학공학을 전공한 다음 대학원에 진학하여 화학 또는 화학공학 분야의 석사 또는 박사 학위를 취득한다. 공채나 특채를 통해 정부 기관, 기업 부설 연구소 연구원 등으로 진출할 수 있다. 필요한 자격증은 국가기술자격법에 의한 공업화학기술사, 고분자제품기술사, 화학장치설비기술사, 화학공장설계기술사 등이 있다.

❸ 직업적 전망: 화학연구원을 포함하여 자연 과학 연구원은 다른 직업과 비교하여 임금이 높은 편이다. 하지만 일자리의 숫자나 산업의 성장은 낮은 편이라서 취업 경쟁은 상당히 치열한 편이다. 정규직으로 고용되는 비율은 평균보다 낮은 편이지만, 고용이 유지되는 정도는 평균보다 높은 편에 속한다. 근무시간은 규칙적인 편이며, 고용에서 성별이나 연령에 따른 차별은 없는 편이다.

nterview

한국화학연구원

최지나

한국화학연구원은 어떤 일을 하는 곳인가요?

한국화학연구원은 화학과 관련된 융복합 기술 분야의 연구 개발을 통해 화학 산업의 경쟁력을 강화하고 또 지속 가능한 사회를 실현하는 데 도움을 주기 위해 설립된 국가 연구기관입니다. 현재 주요 연구 분야는 탄소자원화, 그린 화학소재연구, 의약 바이오연구, 융합화학 연구 등입니다.

최지나 연구원은 '탄소자원화정책센터'에 소속되어 있는데요, 탄소자원화는 무엇인가요?

현재 지구 온난화 문제가 심각합니다. 사람이 조절할 수 있는 수준을 넘어서고 있어서 국제적으로 협의를 도출했어요. 그것이 2016년 11월에 공식적으로 발효가 된 '파리 기후 변화 협약'입니다. 이 협약의 내용은 '유엔 기후 변화 협약의 195개 참여국가는 각각 온실가스를 얼마만큼 줄이겠다'는 약속을 한 것입니다. 우리나라도 2030년까지 탄소 배출량을 37% 감소하겠다는 협약서를 제출했어요. 온실가스를 줄이기 위해서는 여러 가지 기술과 전략이 있습니다. 예를 들면 전력을 아껴 쓰거나 에너지를 만들 때 석탄을 쓰지 않고 태양광 같은 신재생 에너지를 쓴다든지 하는 것들이지

요. 그 중 '탄소자원화'는 '배출되는 이산화탄소를 재활용하자'라는 개념의 기술입니다. 그런데 이산화탄소는 굉장히 안정적인 물질이기 때문에 다른 유용한 화학제품으로 바꾸려면 새롭고 혁신적인 기술이 필요한데, 이런 기술을 개발하는 것이 저희 탄소자원화 연구소의 주된 임무입니다. 이것이 몹시 어려운 기술이기 때문에 우리나라 실정에 적합한 기술을 찾아내고 어떤 방향으로 개발을 할지 전략을 짜는 일도 중요합니다. 그래서 개별 기술을 개발하는 것과 전략을 만들어 내는 일을 같이 하고 있습니다. 정부 출연 연구원이다 보니까 연구자의 개별 연구뿐 아니라 국가에서 필요로 하는 기술 정책과 전략을 수립하는 기능을 함께 가져야 해요. 이런 것이 대학이나 일반 민간 연구소와 차별성을 가지는 부분이라고 할 수 있겠지요.

탄소를 자원화하는 기술과 전략이군요. 실제 사례를 들어 설명해 주신다면?

생수병으로 쓰는 페트병은 플라스틱으로 만들잖아요. 그런데 이산화탄소를 이용해 만든 플라스틱으로 생수병을 만들 수 있어요. 그 과정에서 필요한 에너지는 물론 탄소를 만들어 내지 않는 신재생 에너지를 쓸 수 있고요. 독일 자동차 회사 아우디는 신재생 에너지랑 물, 이산화탄소로 자동차 연료를 만들

어 지금 실증 단계에 있습니다. 이 연료는 기존 기름 연료에 비해 비싸긴 해요. 하지만 환경의 가치를 더해서 생각하면 경쟁력이 없지 않아요.

'탄소 배출권 거래제'라고 해서 기업에 할당되는 탄소 배출량이 있거든요. 만약 더 배출할 경우 벌금을 내거나 배출할 권리를 다른 기업에서 사와야 하는데, 현재 가격이 이산화탄소 1톤당 18,500원 정도예요. 그런데 배출량이 억 톤 단위이니까 결국 이산화탄소가 돈이 되는 거지요. 원래 에너지가 풍부해서 막 쓰던 나라는 사실 이산화탄소 배출량을 줄이기가 쉬워요. 에너지를 좀 아껴 쓰면 되거든요. 하지만 우리나라는 에너지가 귀하다 보니 원래부터 에너지 효율이 높은 나라였습니다. 에너지를 더 줄일 곳을 찾기가 쉽지 않은 거예요. 그래서 배출되는 이산화탄소를 자원화시키는 쪽이 더 관심을 받게 된 상황입니다.

Q 최지나 연구원은 이곳에 언제, 어떤 경로를 통해 들어오게 됐나요?

4~5년 전에 들어왔어요. 미국에서 박사 학위를 마치고 박사 후 과정 연구원으로 일을 하다가 한국에 귀국해서 아이를 잠시 키우다가 이곳 연구원에 들어오게 됐습니다. 좀 더 자세한 히스토리를 말씀드리면, 보통 미국에서 들어올 때 직장을 잡고 들어오거든요. 그런데 남편이 박사 후 과정을 마치고 먼저 직장을 잡아서 한국에 들어오게 됐는데, 그때 저희가 막 아이를 출산한 때라 혼자 미국에 남아 있기가 힘들어서 저는 직장 없이 귀국하게 됐어요. 들어와서 구직하려고 한국화학연구원 인터넷 사이트에 '수시 채용'이라고 되어 있길래 담당자분에게 전화를 드렸더니 정기채용 기간이 이미 끝났다고 말씀하시더라고요. 미국에서는 수시로 연락을 하는 방식으로 직장을 구하기 때문

에, 우리나라에서 정기 채용 기간이 따로 있다는 것을 제가 잘 몰랐던 거예요. 그래서 고민하다가 용기를 내서 관심 있는 연구부서에 직접 이메일을 썼어요. 그렇게 해서 우선 박사 후 과정으로 화학연구원에서 연구를 다시 시작할 수 있게 되었고, 그 이후에 기회가 생겨 정규직 연구원이 된 후 지금까지 일하고 있습니다.

이렇게 제 이야기를 시시콜콜하게 하는 이유는 여성 연구원, 과학자들은 저처럼 결혼과 출산 등 특수한 상황들을 겪을 수 있잖아요. 그럴 때 꼭 처음부터 원하는 좋은 직장을 잡지 못하더라도 일단 그 상황에서 최선의 선택을 한 후, 기회를 기다리는 것도 방법이 될 수 있다는 것을 말씀드리고 싶어서예요. 직장을 잡은 후에도 출산 휴가, 육아 휴직 등 고민하고 선택해야 할 일들이 계속 생기잖아요. 저도 그 사이에서 줄타기를 하고 있는데, 같이 힘내자는 의미로 말씀드렸습니다.

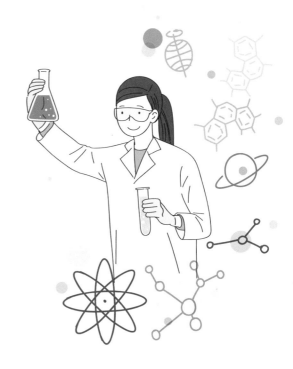

 왜 환경공학을 전공으로 선택하셨나요? 원래 이 분야에 관심이 많았나요?

환경은 20년 전에도 유망한 분야였어요. 급격한 경제 발전 이후 환경 문제가 이슈가 되는 사회적 분위기도 있었고, 신앙인으로서 사회에 기여하는 의미와 보람도 찾고 싶고 해서 이 전공을 선택하게 됐지요. 그렇다고 계속 확고한 철학을 가지고 환경을 공부해서 지구를 구하리라 막 이렇게 사명감으로 연구해 왔다고 할 수는 없어요. 그때그때 주어진 상황에서 의미 있는 일을 찾아가다 보니 그게 환경공학이라는 영역 안에 있더라고요. 사실 '꿈을 가져라', '내가 잘 하는 걸 찾으라'고 하지만 어렵잖아요. 나도 나를 모르는데. 그래서 어떤 확고한 꿈을 가지고 그 길을 묵묵히 가는 것도 의미가 있지만, 저처럼 특별히 뚜렷한 목표나 꿈이 없더라도, 주어진 상황에서 최선의 선택을 하고, 그러다가 뭔가 취미가 발견되면 기꺼이 방향을 옮기는 것도 맞는 것 같아요. 전 우연히 처음 선택한 분야가 계속 성취감과 가치를 주는 분야여서 이 길을 쭉 따라 왔지만, "어려서부터 과학자가 꿈이에요." "지구를 구할 거예요." 이랬던 건 아니에요.

그럼 전공은 화학과이신가요?

저는 환경공학을 전공했어요. 세부 전공이 환경화학, 환경오염물질을 처리하는 건데요. 환경에서 화학을 다루는 공부를 하다가 지금은 화학연구원에서 환경에 관한 일을 하는 상황인 것이죠. 국내에서 석사까지 하고 미국에서 환경공학으로 박사 학위를 받았습니다. 최근에는 연구원들 대부분 박사 학위 소지자이시고, 일부 석사 학위 소지자분도 계십니다. 유학을 했냐 안 했냐는 크게 상관없는 것 같아요. 워낙 취업이 어렵다 보니 미국에서 학위를 받거나 박사 후 과정을 하고 오는 분이 많은 추세이긴 하지요.

왜 박사 후 과정이 필요하죠?

박사 과정이 학생의 입장이라면 박사 후 과정(Post Doctor, 흔히 줄임말로 '포닥'이라고 부름)은 독립된 연구자로서 연습하는 과정이거든요. 예를 들어 박사는 주어진 연구를 깊이 있게 하는 것을 배우는 과정이라면, 박사 후 과정에선 본인이 연구 주제를 잡고 스스로 해결점을 찾아가는 과정을 배우는 거니까 연구자로서 실력을 제대로 다질 수 있는 거죠. 이 박사 후 과정을 외국에서 거치게 되면, 그 나라의 개방적인 연구 문화를 포함해 다양한 경험을 할 수 있고 또 일부 선진 기술도 배울 수 있는 기회를 가질 수 있겠지요.

 그런데도 이 분야의 전문가가 되셨는데요, 그럼 그냥 공부하는 것을 좋아하는 분이셨나요?

네, 저는 공부하는 게 재미있고 잘 맞아요. 사실 재능이 다양하잖아요. 공부를 잘 하는 것도 그냥 여러 가지 재능 중의 하나일 뿐이라고 생각하거든요. 우리 사회에선 이걸 특별한 재능처럼 여기는데, 뭐 요리를 잘하거나, 달리기를 잘 하는 사람이 있는 것처럼 그냥 저는 공부하는 게 편하고 익숙한 거예요. 그리고 저는 공부하는 것 외에도 사회나 환경 문제에 관심이 매우 많은데, 정부 출연 연구원은 기술을 개발함에 있어 이러한 관점과 시각이 동시에 필요한 곳이기도 해서 제 적성이 더 발휘될 수 있는 것 같아요.

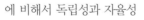

연구원은 어떤 자질을 갖춰야 한다고 생각하세요?

과학자는 기본적으로 성실해야 합니다. 실험하는 동안 굉장히 실패를 많이 하거든요. 실험에 백 번 실패해도 또 도전하는 성실함이 필요해요. 그런데 성실하기만 하면 안 돼요. 늘 같은 도전을 백 번 하는 게 아니라 왜 안 되지? 그럼 이렇게 바꿔 볼까? 이렇게 문제 해결 능력을 갖고 새로운 시도를 할 줄 알아야 해요. 요즘 대학생들은 취업을 위해 스펙을 쌓는 데 열중하잖아요. 그런데 그 스펙이 막상 직장에 들어오면 써먹을 데가 없어요. 그보다는 조직 내에서 함께 일할 수 있는 조화로움, 소통 능력, 세상에 대한 호기심이 훨씬 더 필요해요. 그런 것은 학원에서 배울 수 있는 게 아니잖아요. 일종의 습관 같은 건데요. 미세먼지가 심하다는 뉴스가 나오면, '왜 심하지?' 또 '매일 쓰는 물티슈에는 무슨 성분이 들어 있을까?'라든지 우리 사회에서 벌어지는 일에 대해 물음을 갖고 거기에 대한 답을 스스로 찾아가는 연습을 하면 좋을 것 같아요.

직장으로써 한국화학연구원의 장단점은 무엇일까요?

장점은 일단 풍경이 좋아요. 큰 나무들과 연못이 있어서 사계절 변화를 느낄 수 있고 마음이 정화되는 것 같아요. 그리고 여성이 일하기 좋은 기관이에요. 우리나라의 다른 직장에 비해서 승진이나 업무에 비교적 차별이 존재하지 않고, 가족 친화적 제도를 많이 갖추고 있어요. 유연 근무제라든지 원내 어린이집, 수유실도 있고요. 그리고 일반 회사에 비해서 독립성과 자율성이 보장된다는 것도 큰 장점이에요. 딱 자기에게 주어진 일만 하는 것이 아니라 연구원의 큰 방향성 안에서 하고 싶은 연구를 어느 정도 조절할 수 있어요.

단점은 정부 기관은 아닌데 정부 기관처럼 일해야 하는 부분이 있어요. 연구원임에도 불구하고 공공 기관과 같은 제도가 적용되고 있거든요. 최근에는 공기업이 적자가 많다는 얘기가 나오면서 우리 연구원 같은 정부 출연 연구기관에 대한 비판도 많았어요. 정부 출연 연구기관은 공공성에 기반한 연구 개발을 하는 것이 주요 임무인데, 연구라는 특성을 무시한 채 여타 공공 기관과 동일하게 취급당할 때도 있고. 또 국가 과학 기술 개발의 큰 흐름을 잡아나가야 하는 정부 출연 연구원이 가끔 정책이나 시류에 따라 흐름이 흔들릴 때도 있어 참 안타깝고 속상합니다.

연구원을 꿈꾸는 여학생들에게 선배 과학자로서 해 주고 싶은 조언이 있다면요?

세상이 더디긴 하지만 변하고 있는 건 맞아요. 연구원의 보수적인 조직문화에 대해 울분을 터뜨리면 선배들은 늘 많이 좋아진 것이라고 말씀하세요. 저는 일하면서 종종 '여성 선배 과학자'라는 묘한 책임감을 느낍니다. 여성이 상대적으로 적은 이공계 분야에서 내가 하는 행동이 그냥 최지나라는 한 사람으로 평가되는 게 아니라 '여성 연구자'로 분류되어 평가되는 경우가 많거든요. 그런 사회의 시선은 지금 계속 변화되고 있는 중입니다. 조금씩 좋아지는 과정에 서 있는 사람이기 때문에 그 역할을 잘 감당해야만 한다고 생각하고, 그래서 포기하지 않는 것이 중요하다고 생각해요. 어쩌면 지금 여학생들이 어른이 되었을 때는 지금보다 더 어려운 상황이 될 수도 있어요. 그래도 부족하지만 점점 나아지고 있고, 많은 여성 과학자들이 길을 만들어 가고 있으니 포기하지 않고 도전했으면 좋겠어요. 옛날에는 강줄기가 작은 하나였다면 지금은 물줄기가 좀 늘어난 거예요. 이제 더 물줄기가 커져야 메인 스트림이 될 수 있는 거잖아요. 사회에서 요구되는 여성상 또는 현실 때문에 포기해 버리면 절대 세상을 변화시킬 수 없을 거예요. 예전보다 동지가 많아지고 물결이 세졌으니 각자 자기의 자리를 성실히 지키다 보면, 어느 순간 내 딸이, 손녀가 일하는 세대는 더 나은 환경이 되지 않을까 큰 그림을 그려 봅니다.

109

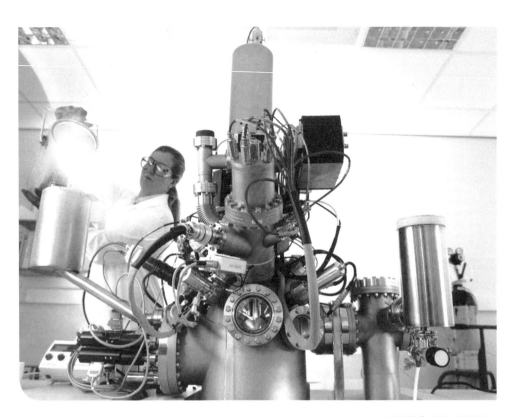

▲ 분자의 질량을 측정하는 질량 분석기

(2) 화학기술자

❶ **하는 일:** 화학기술자는 화학 변화가 일어나는 제조 공정을 연구 · 설계 · 개발하고 화학 공장 설비의 설치 · 조작 · 유지를 위한 활동을 감독하는 등의 업무를 수행한다. 먼저 만일 공장 등에서 새롭게 개선된 제조 공정을 개발하겠다고 하면 공장에서 사용하는 해당 물질의 화학적 · 물리적 변화에 관련된 조사 · 연구를 먼저 수행한다. 이때 업무와 관련되는 다른 화학기술자 및 공학 분야, 안전 분야의 전문가와 협의한다. 다음으로 개량된 제조 설비를 설계하고 가열 · 냉각 · 폐쇄 · 혼합 · 분리 · 증류 · 여과 등의 물리적 변형 작용과 가수 분해 · 산화 · 전기 분해 · 중합 · 발효 · 탈수 및 흡수와 같은 화학 처리 결과에 대한 다른 사람의 이해를 돕기 위해서 설명서를 작성한다. 그리고 마지막으로 제조 설비의 건설 · 설치를 감독하고 설계도와 안전 기준에 부합되는지 확인하며 이후에 장치의 조작 · 운용 · 유지 · 보수 작업을 계획하고 지속해서 관리한다.

❷ **되는 방법:** 화학기술자는 화학이라는 업무와 관련된 공학적 개념과 원리를 이해하고 응용할 수 있어야 하고, 화학 공학 전문 용어의 개념과 의미를 이해하여야 가능하다. 뿐만 아니라 자신이 가진 지식을 구두 또는 서면으로 효과석인 의사 교환을 할 수 있어야

한다. 시험 기구와 재료를 기술적으로 다룰 줄 알아야 하고, 화학 반응 시험 시, 반응 물질의 색 판별력이 필요하다. 고압가스 또는 화공 약품에 의한 폭발이나 중독의 위험에 대한 위기 적응력도 있어야 한다.

화학기술자가 되기 위해서는 먼저 전문대학이나 대학에서 화학이나 화학 공학을 공부해야 한다. 대학 졸업 이후에도 숙련 기술자가 되려면 전문 기술자의 지도하에 2년 이상의 실무 경력이 필요하고, 연구·설계·개발 분야 기술자가 되려면 화학 공학 분야의 석사나 박사 학위를 수여해야 한다. 국가기술자격법에 의한 기술사로는 공업화학·고분자제품·화학장비설치·화학공장·설계기술사가 있고, 기사는 공업화학기사 1·2급, 화공기사 1·2급, 화학 공사기사 1·2급 화약류제조기사 1·2급 등이 있다.

❸ **직업적 전망:** 화학기술자는 화학 산업 분야의 제조업체에 주로 취업하게 되는데 전문대학이나 대학 졸업자인 경우 생산 부서에서, 대학원 과정을 이수한 사람은 연구 개발 부서에서 주로 근무한다. 충분한 경력과 필요한 자격 요건을 구비한 사람은 대학에서 강의를 하거나 정부 기관 또는 기업체의 연구소에서 순수 또는 응용 연구에 종사하기도 한다. 화학 산업은 한 나라의 기간 산업으로서 산업 전반에 미치는 영향력이 대단히 크므로 이 분야는 유능한 전문 기술 인력의 지속적인 수요가 예상된다.

(3) 무기화학연구원

무기화학(無機化學, inorganic chemistry)이란 탄소를 전혀 포함하지 않거나 소량 포함하는 물질에 대한 구조와 물리·화학적 특성에 대한 연구를 하는 학문이다. 따라서 무기화학연구원은 원자 구조·화학 결합·반응 등 무기화학의 기본 개념에 관하여 연구하는 사람이다. 무기 화합물이나 무기화합 소재의 정량적 화학 측정을 위한 방법과 인증 표준물질을 개발하고 측정 기술을 보급하며, 새로운 기능을 가진 무기 및 화학 물질의 합성을 개발하며, 새로운 촉매 물질을 개발하는 등의 일을 한다.

대부분의 연구원처럼 무기화학연구원이 되려면 실험에 흥미를 가지고, 새로운 것을 발견하려는 의지를 갖추어야 한다. 연구의 결과가 항상 자신이 생각한 방향이나, 시간, 뜻대로 되는 것은 아니기 때문에 인내심이 필요한 것도 사실이다. 대학에서는 화학에 대한 전반적인 사항을 공부하는 것이므로 무기화학을 중심적으로 연구하려면 대학원 이상의 학력이 필요하다.

(4) 화학공학자

원료를 화학적 · 생물학적 · 물리적으로 처리하고 응용하여 부가 가치가 높은 유용한 제품을 생산하는 공업이 화학 공업이다. 원유의 분리 정제부터 시작하는 석유 화학 공업은 물론, 식물 등에서 미생물을 발효시켜 생물 화학 제품을 얻어내는 생물 화학 공업, 비료 공업 등도 모두 화학 공업이다. 따라서 우리 삶과 밀접한 관련이 있는 것이 화학 공업이다. 그리고 이런 화학 공업과 관련하여 공학적 측면을 다루는 분야가 화학공학(化學工學, chemical engineering)이다.

화학공학은 물리 및 화학의 원리를 응용하여 물질 및 에너지 변환 시스템을 설계하고 환경과 조화를 이루는 화학 공정을 종합적으로 구축하는 학문이다. 화학공학과 화학 공업은 석유화학과 고분자 및 에너지 생산에 큰 공헌을 해왔으며, 현재도 첨단 기술과 관련된 신물질 공정 개발 및 합성, 신에너지 및 환경, 분자 생물학 관련 기술의 개발에 응용되고 있다.

화학공학자는 원재료를 가치 있는 물질로 만들기 위해 각종 화학 공정을 정밀하게 알고 있어야 한다. 실험을 위해서는 섬세한 면이 필요하며 다른 분야에 응용하기 위해 창의력이 요구된다. 보통 화학공학자가 되려면 대학에서 화학 관련 공부를 해야 한다. 화학공학과에서는 수학 · 화학 · 물리 · 생물 등의 기초 과목을 비롯하여 화공 열역학 · 유체역학 · 열전달 · 물질전달 · 화학반응공학 · 유기공업화학 · 화학공학실험 · 공업화학실험 등을 배우게 된다. 대학의 공부를 마친 후에 대학원에 진학하여 석사 이상의 학위를 따야 한다.

최근 전자 · 정보, 우주 · 항공, 메카트로닉스, 생명공학과 같은 첨단 산업의 기술 발전이 빠르게 진행되면서 이에 적합한 새로운 소재의 출현이 이루어지고 있다. 화학 산업에 있어서도 이에 대응할 수 있는 기술적 변화가 요구되고 있는 상황이다. 화학공학자의 진출 영역은 연료 · 석유정제 · 화학약품 · 비료 · 농약 · 화장품, 기타 석유화학 산업 분야가 있다.

화학공학자의 하위 범주에 속하는 유사 직업으로는 화학공학 시험원이 있다. 화학공학 시험원은 연료·석유정제·화학약품·비료·농약·화장품, 기타 석유 화학 산업 분야의 제조업에 해당하는 업무를 담당한다. 즉 석유 화학·고무 및 플라스틱·농약·비료·도료 제품·화장품·비누 제품 등을 기술자 및 연구원의 지휘·감독 하에 가공·분석하는 것이다. 각종 실험 기구를 사용하여 화학적인 방법으로 원료 또는 제품을 시험·분석하여 성분·특성 등을 파악하고 각종 결과를 기록·작성하고 생산 표준과 일치하는지 비교하고 결과를 통보하는 역할을 수행한다. 화학공학 시험원이 되기 위해서는 화학공학 관련 분야를 가르치는 공업계 고등학교 및 전문대학 이상의 학력이 필요하다.

(5) 화학원료 제조 관련 조작원

화학원료 제조 관련 조작원은 산·알칼리·염, 기타 무기 또는 유기 화합물 등의 산업용 기초 화합물·염료·안료 및 기타 착색제, 질소 화합물, 추가 가공이 필요한 원료 상태의 합성 고무, 플라스틱 물질, 화학 섬유 등의 중간 화합물을 제조하기 위하여 파쇄·가열·혼합·증류 또는 여과 화학물을 가공하는 기기를 조작하는 일을 한다. 이들은 대개 기초 화합물 제조업체에 고용되어 있다. 다루는 기계의 종류에는 고형 화학물 및 기타 재료를 파쇄하고 혼합하는 기계, 재료를 정화·혼합 또는 합성하고 특수한 성질로 만들거나 화학 변화를 일으키는 기계, 화학물 및 관련 재료의 가공을 위한 건조기, 용액을 여과하는 장치 및 분리시키는 기계, 천연 액체성 화학물을 화학적 성분별로 분리 또는 정제하는 증류기, 화학약품 및 기타 첨가제를 석유와 혼합하는 기계 등이 있다.

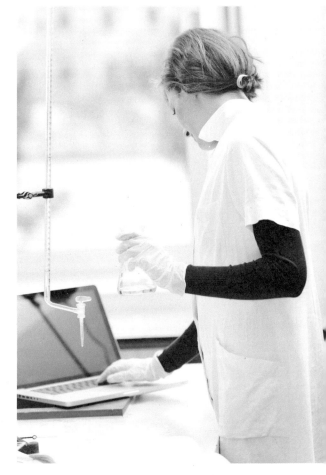

화학원료 제조 관련 조작원이 되기 위해서는 고졸 이상의 학력을 요구하며, 실업계 고등학교나 직업전문학교에서 관련 학과를 전공하면 유리하다. 일을 하다가 위험한 상태에 노출될 수 있으므로 항상 보호 장비를 착용해야 하고, 밖에서 근무하는 경우가 많으므로 춥거나 더운 기온에 적응할 수 있는 체력도 필요하다.

● 고교생들이 금호석유화학 울산 고무공장에서 합성고무 생산 공정을 견학하고 있다.

(6) 고무 및 플라스틱 화학공학 기술자

고무 및 플라스틱 화학공학 기술자는 원료의 구조와 재질을 분석하여 새로운 합성 물질을 연구하고 제품의 제조 공정을 연구·분석한다. 당연히 이때 말하는 원료는 고무 및 플라스틱 원료를 말한다. 고무 및 플라스틱 화학공학 기술자가 되기 위해서는 화학공학 관련 분야의 전문대학 이상을 졸업하고, 전문 기술자의 지도 아래 대략 2년 이상의 직무 경험이 필요하다. 특히 연구·설계 분야 종사자는 보통 석사 또는 박사 이상의 학위가 요구된다. 고무 및 플라스틱 화학공학 기술자로서 관리 및 감독의 업무를 하는 경우는 제조 및 기술 담당의 관리자로 승진할 수 있으며, 연구·개발 업무를 하는 경우는 충분한 경력이 있거나 박사 학위 등을 취득하면 연구 책임자로 승진할 수 있다.

최근에 환경 및 안전에 대한 관심이 고조되고 있으므로, 고무 및 플라스틱 화학공학 기술자가 산업안전, 소방 설비 등의 안전 관리 분야 자격증이나 대기 환경, 수질 환경, 폐기물 처리 등의 환경 분야 자격증을 취득한다면 승진이나 경력 개발에 도움이 될 수 있다.

(7) 비누 및 화장품 화학공학 기술자

비누 및 화장품 화학공학 기술자는 비누와 화장품 등 생활용품 관련 화학 공정 및 장비를 연구·설계·개발하며, 플랜트의 운영 및 유지 관리를 감독하는 일을 한다. 구체적인 업무 내용을 살펴보면, 비누와 화장품 등 생활재 산업과 관련된 제품을 분석하여 신제품을 개발하고 제품 생산 공정을 설계하거나 개선한다. 원료 및 완제품을 각종 측정 기기를 사용하여 성분을 분석하고 성분 연구결과를 기초로 각종 원료를 혼합하여 시제품을 제조한다. 완성된 제품은 피부에 사용하여 부작용이 없는지를 파악하고 생산 공정에 적용시킨다.

비누 및 화장품 화학공학 기술자가 되기 위해서는 화학공학 관련 분야의 전문대학 이상을 졸업하고, 전문 기술자의 지도 아래 대략 2년 이상의 직무 경험이 필요하다. 연구·설계 분야 종사자는 보통 석사 또는 박사 이상의 학위가 요구된다. 앞으로 비누 및 화장품 화학공학 기술자의 일자리는 증가하거나 현상 유지를 할 것으로 전망된다.

8. 해양학 관련 직업

해양학은 해양의 자연 현상을 연구하는 학문의 한 분야로 바다와 그곳에 사는 생명체, 그리고 바다를 둘러싸고 있는 육지에서 얻어진 자료 속에서 보편적 원리를 탐구하는 학문이다. 바닷물의 운동과 물성에 관하여 연구하는 해양물리학, 수질을 다루는 해양화학, 플랑크톤과 많은 생물을 주로 다루는 해양생물학, 해저 지질과 지각 구조를 다루는 해양지질학 및 해양지구물리학 등이 있다.

(1) 해양학 연구원

❶ **하는 일:** 해양학 연구원은 해양 전반에 관련된 과학 기술과 정책 개발에 관한 연구를 담당하는 사람이다. 구체적으로 해양기후, 해양환경, 해양생물자원, 해저환경, 해저자원, 해양안전방제, 해양운송시스템 등을 맡아 일한다. 또한 물리 · 화학 · 생물 · 지질 등의 다양한 접근 방법을 통해 해양의 무궁무진한 잠재력을 극대화하고, 해양 속에 존재하는 생물 자원과 비생물 자원의 효율적 개발과 이용 방법에 대해 연구하기도 한다.

❷ **되는 방법:** 해양학 연구원은 기본적으로 해양학 및 생물학, 지질학 등 자연 과학 전반에 대한 지식을 가지고 있어야 하며, 바다 생명체 및 생명 현상에 대한 관심과 세심한 관찰력도 요구된다. 바다 환경을 탐사하고 관련 자료를 수집하기 위해 당연히 바다 위, 결국 장시간 배에서 생활하는 경우가 많기 때문에 강인한 체력과 인내심이 요구된다.

    해양학 연구원이 되기 위해서는 대학의 해양공학과 · 해양시스템학과 · 해양자원학과를 졸업하고, 대학원에 진학하여 해양학 관련 분야의 석사 또는 박사 학위를 취득하는 것이 유리하다. 해양학 연구원은 채용 시 박사 학위 이상으로 지원자를 제한하는 경우도 많아 박사 또는 박사 후 과정(post doctor)의 교육을 지속적으로 받을 것을 염두에 두고 직업 전선에 뛰어들어야 한다. 당연히 관련 분야의 연구 경험이 중요하기 때문에 석사 과정 중에 학내외에서 수행하는 다양한 연구 프로젝트에 참여하는 것도 취업할 때 유리하게 작용한다. 공채나 특채를 통해 기초 과학 관련 연구소, 기업체 연구소나 해양개발부 · 환경처 · 수산청 등 국가 기관에 채용될 수 있다.

❸ **직업적 전망:** 해양학 연구원은 다른 직업과 비교하여 임금은 높은 편이다. 그러나 일자리 숫자는 적고, 성장의 정도도 낮은 편이며, 취업 경쟁은 치열한 편이다.

(2) 해양공학 기술자

❶ **하는 일:** 먼저 해양공학이란 해양 개발 산업의 기본이 되는 학문으로서 조선공학, 토목공학, 기계 및 전자공학 등을 망라한 종합적인 학문이다. 해양공학은 해양에 대한 물리, 화학, 생물, 지질학적 접근을 통해 바다를 분석하고 이를 통해서 각종 식량 자원, 광물 자원, 에너지 자원을 획득하고 해양을 합리적으로 이용하기 위한 해양 개발의 기초를

준비하는 분야다.

따라서 해양공학 기술자는 이런 항만 개발, 임해공업단지 조성 및 개발 등을 위해 전문 지식을 이용하여 기초 자료를 조사·분석하는 일을 하거나, 해양 환경 현황을 조사·관측·평가·계획하는 일을 한다.

해안 보전 시설물·방파제·방사제·호안 시설 등 해양 구조물의 안정을 위한 합리적인 설계 및 도면작성, 재료 선택, 시공 및 시공에 따른 오염물의 확산, 해안 건설 공사로 인한 생태계의 영향 등을 분석하거나, 해수의 특성과 해양 생물의 분포 등을 조사하여 해양 환경도를 작성하는 일 등을 한다. 플랑크톤이 이상 증식하면서 바다나 강 등의 색이 바뀌는 현상인 적조의 원인 및 확산경로 연구, 연안에서의 해류 이동 및 에너지 연구 등을 통해 효과적인 방제 기술을 개발하고 조기 탐지 기술을 연구하는 것도 해양공학 기술자의 몫이다.

❷ **되는 방법:** 해양공학 기술자는 해양 환경 및 자원 개발에 대한 지식이 먼저 있어야 한다. 해양공학 기술자가 되기 위해서는 전문대학 및 대학교에서 지구해양과학과·해양공학과·조선해양공학과·해양시스템학과·해양자원학과·환경공업과·환경공학과·환경과학과·환경화학과·선박해양공학과·환경공학과·산업공학과·산업시스템공학과·자동화공학과·테크노경영공학과·산업정보(공)학과·안전공학과 등을 공부하는 것이 유리하다. 일부 국립 연구 기관의 경우 해양 관련 전공의 석사 이상의 학력을 요구하기 때문에 대학원 진학도 고려해야 한다.

해양공학 기술자와 관련된 국가 자격증으로는 한국산업인력공단에서 시행하는 해양기술사·해양공학기사·해양자원개발기사·해양환경기사·해양조사산업기사가 있다. 보통 공개 채용으로 입사하거나 경력자인 경우는 수시 모집을 한다. 해양 및 자원개발업체, 해저 석유개발업체, 해양 구조물 설계 및 제작회사, 항만장비 개발회사, 해양 환경 관련 업체 등의 일반 기업 이외에 정부 출연 기관 및 연구기관인 한국해양연구원·국립해양조사원·국립수산과학원·한국해양수산개발원·국립수산물품질검사원 등으로 진출할 수 있다. 이들 정부 출연 기관이나 연구기관의 경우 석사 이상의 학력을 요구하기도 한다.

❸ **직업적 전망:** 해양의 풍력, 파력 등 대체 에너지 자원의 개발, 해양 공간의 이용, 해양 물류 기지의 건설, 연안 개발과 환경 보전, 해양 신도시 건설 등에 대한 국가적 관심이 높고 해양 산업이 국가 전략 사업으로 부상하고 있어 해양공학 기술자의 수요가 증가할 것으로 기대된다. 또한 최근 해일에 의한 피해 등으로 해안 보안 시설물이나 방파제, 보안 시설 등 해양 구조물에 대한 중요성이 입증되면서 해양 구조물의 설계도 작성부터 시공까지 관련 해양공학 기술자에 대한 인력 수요가 증가할 것으로 보인다. 한편 해상 교통량이 증가하고 운송 화물이 다양해짐에 따라 해양 사고의 종류도 다양해지며 피해도 대형화되는 추세여서 선박 운항 시스템, 해운 항만 시스템 및 선박 통신 시스템 등의 관련 정보 시스템 구축 관련 작업도 함께 증가할 것이다. 또한, 관광, 스포츠, 레저 등 대규모 해양 개발과 함께 관련 종사자는 물론이고 해양 환경 영향 평가 관련 종사자도 늘어날 것으로 전망된다.

(3) 해양수산 기술자

❶ **하는 일:** 해양수산 기술자는 수산 자원의 관리, 양식, 생산과 가공 등에 관련된 연구와 기술 개발 업무를 담당하는 사람이다. 어류의 생태를 파악하고, 품질과 생산성을 높이기 위한 각종 양식 기법 개발에 관한 연구를 수행하기도 한다. 어획 통계, 어장 환경 등의

자료를 수집하고 분석하여 수산 정책의 기초 자료가 되는 어장 정보를 제공하며, 어민들에게 각종 기술 지도와 어업 경영을 지도하기도 한다.

❷ **되는 방법:** 해양 관련 직업은 비슷한 근무 환경이지만, 특히 해양수산 기술자는 바다 환경을 탐사하고 관련 자료 수집을 위해 장시간 배에서 생활하는 경우가 많기 때문에 강인한 체력과 인내심, 관찰력이 요구된다. 자연 과학 전반에 대한 지식과 바다 생명체 및 생명 현상에 대한 관심도 있어야 한다. 다른 사람과 원만한 대인 관계를 유지할 수 있는 적극성과 진취성이 있는 사람에게 적합하며, 독립성과 리더십을 갖춘 사람에게 유리하다.

　해양수산 기술자가 되기 위해서는 전문대학이나 대학교에서 수산자원개발학·해양공학·해양자원학을 공부하는 것이 보통이다. 관련 국가 자격증으로는 한국산업인력공단에서 시행하는 수산양식기술사/기사·수산양식산업기사·수산양식기능사·수산제조기사·수산제조기술사·수산제조 산업기사·어로산업기사·어로기술사·어병기사·식품산업기사·어업생산관리기사 등이 있다. 학업을 마친 다음에는 공채나 특채를 통해 해양 및 자원 개발 업체 및 관련 연구기관으로 진출할 수 있다.

❸ **직업적 전망:** 어업은 1차 산업으로 국가의 정책과 제도적인 부분과 밀접한 연관이 있어 인력 수요를 예측하기는 어렵다. 그러나 현재 추세는 과거 물량 위주의 농수산물 공급 확대 정책에서 친환경과 고품질 등의 질적 생산 정책으로 전환되고 있기 때문에 해양수산 기술자도 이와 같은 시대적 흐름에 맞추어 연구 개발에 주력하고 있으며, 향후 이들의 고용은 많이 줄어들지는 않을 것으로 보인다.

(4) 해양 바이오에너지 연구원

　해양 바이오에너지 연구원은 해양 자원을 활용한 해양 바이오에너지의 개발 및 생산에 관해 연구하는 사람이다. 식용으로 사용했던 각종 해조류를 활용하여 자동차 등의 에너지원으로 사용할 수 있는 기술 연구를 진행하는 주체가 되는 연구원이다.

　옥수수나 사탕수수로 만든 곡물 바이오에너지가 있기는 하지만, 아프리카 등에서 기아에 허덕이는 사

람을 생각할 때 과연 식량 자원인 옥수수나 사탕수수를 에너지로 사용하는 것이 좋은가에 대한 의구심이 생길 무렵 대안으로 떠오른 것이 바로 해양 자원을 이용한 바이오에너지의 개발이다. 우뭇가사리, 구멍파갈래 등 해조류에는 탄수화물이 70% 이상 들어 있어서 이를 정제 · 발효하여 생산하는 바이오에너지(해조류 유래 바이오매스에너지, 미세조류를 이용한 바이오디젤, 바이오에탄올, 해양성 조류 생채에 의한 바이오가스, 바이오수소 등)를 만들어 내는 것이 가능하다는 것이다. 해양 바이오에너지 연구원은 대량 생산에 적합한 해조류 등 해양 생물의 품종을 개량하고 해조류에 적합한 발효 기술과 에너지로 정제하는 기술을 연구한다. 해양 바이오에너지 연구원으로 활동하기 위해서는 일반적으로 석사 이상의 학력이 요구된다. 해조류의 대량 생산과 관련한 생명 공학, 유전 공학, 생물학, 화학 공학 등의 관련 전공이 필요하고 해조류를 포집, 분쇄, 분리, 발효, 정제하는 관련 지식이 요구되는 까닭이다.

(5) 해양생물 유전자 연구원

해양생물 유전자 연구원은 해양생물의 유전정보를 파악하고, 데이터베이스로 구축하고, 유전자 변형 수산물의 안정성을 평가하는 일등을 한다. 구체적으로 살펴보면, 우리가 흔히 섭취하는 수산 생물인 생선과 조개 등 해양 생물의 시료를 채취하여 약품 처리, 원심 분리기 · 침전 등의 방법으로 활용하여 DNA와 RNA를 추출하고 이를 통해서 유전자형을 검출하여 데이터베이스에 구축한다. 우리에게는 후쿠시마 원전 사고 이후 민감해진 유전자 변형 수산물의 안정성을 심사 · 평가하며, 유전자 변형 수산물의 취급에 관한 관리 지침을 제안하는 일을 하는 곳으로 더 잘 와닿기도 한다.

(6) 해양생태 연구원

해양생태 연구원은 해양 생태계 및 수산 자원의 변동을 조사 · 연구한다. 조사선을 타고 해역에 나가 해양 생태계 및 수산 자원의 변동을 조사하고 조사 자료를 수집 · 분석하며 대응 전략을 수립하기 위한 연구를 한다. 수온 전선대 및 수온, 먹이 분포 등의 해양 정보를 분석 · 제공하고, 한반도 주변 해역의 해양 변동에 대해 연구한다.

(7) 해양환경 연구원

해양환경 연구원은 전국 연근 해역의 해양환경을 모니터링하고 연안 어장의 환경 회복 및 적정 관리에 관해 연구하는 일을 하는 사람이다. 해양 오염을 측정하고, 여러 가지 기계를 사용하여 해수에 유입된 유해 유기 오염 물질의 성분 확인, 해수·해적 퇴적물·해양 생물 중의 미량 원소 분석 등을 한다. 어장 환경을 개선하는 기술에 관해 연구하기도 한다.

(8) 해황조사 연구원

해황(海況, oceanic condition)이란 바다의 상황, 즉 해수 온도, 해류, 염분 등 바다의 상태를 말한다. 이것들은 모두 해양의 물리적 변동 상황을 나타낸 것이다. 플랑크톤이 이상 증식하면서 바다의 색이 바뀌는 현상인 적조는 생태계에 문제를 일으키며 인간의 생활에도 여러 가지 피해를 준다. 빈번하게 발생하는 적조는 한번 발생하면 전국의 연안에 걸쳐 광범위하게 번져 어민 및 수산업 종사자들에게 많은 피

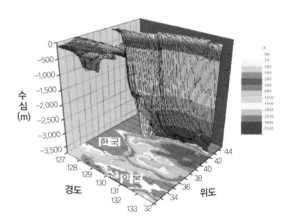

🔺 3차원 해저지형도: 동해

해를 주고 있다. 이런 피해는 이전에 시시각각으로 변화하는 연안의 해양환경을 파악하고 실시간으로 관측하여 해황 자료를 제공받으면 대비할 수 있기 때문에 해황조사 연구원의 역할이 중요하다.

Interview

한국해양과학기술원

이석

Q 한국해양과학기술원을 소개해 주세요.

우리 기관은 종합 해양 과학 연구와 교육을 담당하는 정부 출연 연구 기관입니다. 해양 과학 기술과 해양 산업에 관한 연구를 비롯해 극지에 대한 연구도 하고, 해양 관련 기기, 장비 등의 기술을 개발하기도 합니다. 바다라는 공간 그 자체에 대한 연구뿐만 아니라 바다에서 일어나는 현상과 물질, 또 그곳에 사는 생물들을 연구하는 곳이지요.

Q 이석 박사님이 하고 계신 연구는 어떤 분야인가요?

저는 해양환경의 특성을 이해하고 해양환경이 우리 인간에게 어떤 영향을 미치는지 분석하는 일을 하고 있습니다. 좀 자세히 설명하면, 해류와 조류 같은 해수의 움직임이나 해수의 수온, 염분 등 물리적 특성은 해수의 화학 성분에 영향을 주게 되고, 이는 또 해양 생물의 생태에 영향을 주게 됩니다. 이렇게 해양환경은 서로 영향을 미치고 있어 매우 복잡한 양상으로 나타나는데요. 인간의 활동 또한 바다에 영향을 주기도 하고 또 바다의 변화로 인해 영향을 받기도 합니다. 예를 하나 들어 볼게요. 제가 오랜 시간 연구했던 사례가 새만금입니다. 새만금은 바다 가운데 34km의 둑을 쌓아서 서울시 면적의 2/3에 해당하는 400km²

의 바다를 육지와 호수로 만들어 버린 거대한 사업입니다. 1991년에 공사를 시작했으니까 벌써 25년이 넘었어요. 그런데 아직도 공사를 하고 있지요. 이렇게 오랫동안 공사를 하는 이유는 이 사업이 해양환경에 미치는 영향을 너무 간과한 채 시작됐기 때문입니다.

우리나라 서해안은 조류가 아주 빠른 해역이에요. 여기에 둑을 쌓았더니 조류와 해류의 흐름이 막히거나 약해졌어요. 그러면서 가장 먼저 일어나는 변화는 바닷물이 맑아지는 것입니다. 물에 떠 있던 고운 퇴적물들이 가라앉기 때문이지요. 그리고 따뜻하고 소금기가 적은 바닷물 층과 차갑고 소금기가 많아 무거운 바닷물 층이 위아래로 나뉘게 됩니다. 조류가 강할 때는 두 바닷물이 잘 섞이는데 조류가 약해지면서 층이 생겨 버리는 것이지요. 이렇게 되면 따뜻한 바닷물 층에 플랑크톤이 번성하게 됩니다. 이런 것을 적조 현상이라 합니다.

반면 차갑고 소금기 많은 아래층 바닷물에는 산소가 고갈됩니다. 공기 중의 산소가 녹아 들어가야 하는데 층이 나누어지면서 아래층까지 전달되지 않기 때문이지요. 위층의 적조, 아래층의 산소 고갈 모두 다 해양 생물들이 살아가기에 아주 나쁜 환경입니다. 결국 사람이 살기에도 힘든 바다가 되는 거죠. 지금 새만금에서는 이런 환경 문제가 해결되지 않아서 개발이 어려워진 것입니다. 사람들이 바다를 통해 행복한 삶을 지

> 해양학은 융합 과학이라서 혼자 하는 게 아니라 팀을 만들어서 연구하는 일이 많습니다. 그래서 **다른 사람과 조화를 이루고 협동할 줄 아는 지혜**도 필요하지요.

속하기 위해서는 건강한 해양환경이 필요하고, 제가 하는 일 중의 하나는 건강한 해양환경을 보전하는 연구입니다.

Q 박사님은 어떻게 해양연구원이 되셨는지요?

어릴 때부터 꿈이 과학자였는데, 고등학생이 되면서 '해양학'을 공부해야겠다는 생각을 굳히게 됐어요. 학부와 석사과정에서 해양학을 전공한 후 해군에 입대했고, 해군에서 해양 정보를 분석하는 업무를 맡았지요. 그 업무를 해양과학기술원과 함께 수행해야 했으므로 자연스럽게 이 연구원에 대해 더 많이 이해할 수 있었고, 전역과 함께 이곳에서 본격적인 연구를 시작하게 됐습니다. 처음에는 비정규직 형태로 들어왔지만 박사과정을 이수하고 정규직 연구원이 됐습니다. 저는 해양학을 전공했지만 우리 기관에는 업무가 다양하기 때문에 이곳에 근무하는 연구자들의 전공도 무척 다양합니다. 물리, 화학, 생물, 지질, 기계, 전기 등 이공계 거의 모든 학과가 다 있다고 봐도 무방하고, 법이나 정책 등 인문 사회 계열 전공자도 필요합니다. 박사 학위 소지자가 유리하긴 하지만, 석사 또는 학사 학위 소지자도 일할 수 있습니다.

Q 해양연구원의 장점과 단점을 꼽는다면 어떤 것들이 있을까요?

장점은 늘 새로운 시도를 해야 하니까, 그 시도와 창의적 사고가 삶을 활기차게 만들어 주는 것 같아요. 그리고 일반 직장보다는 자유롭습니다. 단점은 바다를 대상으로 연구해야 하니까 바다에 나가서 보내야 하는 시간이 절대적으로 많습니다. 1년에 150일 이상 출장을 가야 하는 경우도 많아요. 바다라는 곳

이 늘 갈 수 있는 곳이 아니거든요. 비가 오거나 바람이 많이 부는 날은 나갈 수가 없고, 또 물때를 맞춰야 하기 때문에 요일 구분도 없어요. 명절만 겨우 챙길 수 있다고 보시면 됩니다. 뱃멀미하는 분들은 몇 개 부서 외에는 일하는 게 불가능하지요. 바다를 엄청 좋아하거나 바다를 지킨다는 의무감이 있어야 이 일을 할 수 있습니다. 그래도 우리는 늘 이런 우스갯소리를 합니다. "보통 사람들은 돈 내고 배 타죠? 우리는 돈 받으면서 배 타요."

Q 해양 학자에겐 어떤 자질이 필요할까요?

해양학은 새로운 시도들이 많이 필요합니다. 창조적 아이디어나 도전이 필요한데 그 시도 자체가 성공할 수 있을지 결과는 참 불확실하거든요. 사실 성공할 확률보다 실패할 확률이 더 높지요. 연구에 실패하는 경우가 더 많은데, 그것을 하나의 경험으로 삼아 결국 성공에 이르게 하는 것이 끈기인 것 같아요. 쉽진 않지만 과학자에겐 그걸 계속 시도할 수 있는 용기와 끈기가 있어야 합니다. 그런데 이렇게 섬세하고 집요한 연구와 실험을 반복하다 보면 함께 일하는 협업이 어려워지기도 하는데요. 해양학은

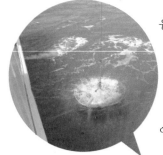

융합 과학이라서 혼자 하는 게 아니라 팀을 만들어서 연구하는 일이 많습니다. 그래서 다른 사람과 조화를 이루고 협동할 줄 아는 지혜도 필요하지요.

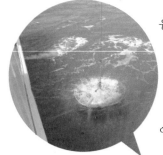

앞으로 '해양학자'란 직업에 대한 전망은 어떻게 보십니까?

흔히들 우리나라는 삼면이 바다이고 우리가 나아갈 길은 바다에 있다고 얘기합니다. 이것은 보통 바다에 대한 개발에 초점을 맞춘 생각들인데요. 앞으로도 이런 개발에 대한 욕구나 압력은 계속 증가할 겁니다. 그런데 제 생각은 바다가 건강하게 지켜져야 우리 인간의 삶도 건강하게 지켜질 수 있다고 생각합니다. 바다를 개발하겠다는 목소리가 높아질수록 바다를 건강하게 지킬 수 있는 과학적 근거, 즉 해양학도 발달해야 바다를 건강하게 지키면서 바다를 현명하게 이용할 수 있는 개발의 합의점을 찾을 수 있는 것이지요. 그런 의미에서 해양학은 인류의 건강한 삶을 위해 앞으로도 꼭 필요하고 소중한 학문이라고 생각합니다.

청소년들에게 해 주고 싶은 이야기가 있다면요?

해양학을 30년 동안 공부하며 깨달은 건, 모든 현상들은 서로 엮여 있다는 것입니다. 제가 공부한 분야는 다른 분야와 이어져 있고, 그 분야도 제 분야에 영향을 주고 있고 이렇게 다 이어져 있다는 거죠. 자연환경이나 해양환경을 그냥 무심히 겉모습만 보면 문제가 없는 것처럼 느껴지지만, 사실은 갯벌을 걷는 발자국 하나, 해변에 버린 쓰레기 하나, 이런 행동 하나하나가 모두 바다에 영향을 주고 있다는 거죠. 또 그렇게 해서 생긴 바다의 변화도 결국 우리에게 영향을 미치게 됩니다. 그래서 우리가 조금만 더 관심을 가지고 바다의 가치를 바로 보았으면 좋겠어요. 바다의 가치를 지키는 것이 우리 환경과 생활을 건강하게 지키는 것이라는 말씀을 드리고 싶고요. 또 한 가지 말씀드리자면, 우리의 미래는 상당히 불확실해 보이는 경우가 많습니다. 저한테도 해양을 연구한다는 꿈은 불확실한 미래였고 기대한 만큼 다 이루지도 못했지만, 그 과정에서 제가 이 사회에 적으나마 기여하고 있다는 작은 의미를 찾아 보람을 느끼고 있습니다. 여러분들도 무엇을 선택하든 그 안에서 열정과 끈기를 가지고 노력한다면, 그 과정에서 여러분 자신의 가치를 찾을 수 있으리라 믿습니다.

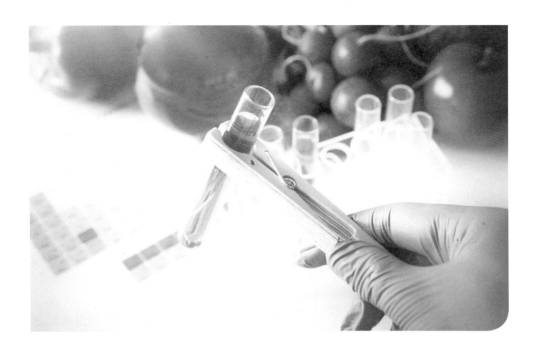

9. 식품 공학 관련 직업

　식품 공학은 식품에 관한 기초과학을 공업 생산에 응용하여 생산력을 향상시키기 위한 응용적 과학 기술을 연구하는 학문이다. 새로운 식품의 가공법, 식품 관련 저장 장치 등의 개발, 적정한 원료의 선택, 식품 가공 공장에서의 제조 관리나 위생 관리 등에 관한 일을 하거나, 식품의 영양가나 공중 위생상의 안전성 등과 유통상 품질의 변화에 관한 기술적 문제를 해결하는 데에 있어서 중요한 역할을 하는 직업들이 바로 식품 공학 관련 직업이다.

(1) 식품 연구원 및 식품 공학 기술자

❶ 하는 일: 식품 연구원은 시장성, 목적, 기능, 설비 계획을 분석하여 식품의 생산과 소비에 관련된 계획을 하는 사람이고, 식품 공학 기술자는 식품, 포장, 가공 방법 등을 연구·개발하거나 식품 생산과 관련된 기술을 개발·관리하며, 식자재나 식품의 성분이나 위해성 등을 검사하고 분석하는 일을 담당한다. 종사하는 분야에 따라 연구 개발을 담당하는 식품 연구원, 연구된 식품의 생산을 관리하는 식품 공학 기술자, 식품 성분 분석과 안전

◎ 농협식품연구원의 농산물 잔류 농약 정밀 검사

성 검사를 주로 담당하는 식품 공학 시험원으로 나눌 수 있다.

식품 연구원은 소비자가 풍부하고 영양이 높은 식품을 안전하게 섭취할 수 있도록 새로운 제품을 연구하고 개발한다. 시장에 내놓는 식품에 대한 소비자의 반응을 분석하고, 이를 토대로 생산할 제품을 기획한다. 식품의 영양 · 맛 · 색깔 · 상품 가치 등을 고려해 적합한 재료를 선택하며 조리 방법 등을 연구한다. 특히 제품의 출시를 앞두고는 공장에서 여러 차례 시제품을 거쳐 식품이 안정적으로 생산될 수 있는지를 검토한다. 또한 식품이 시판되기 전에 개발자들이 시식회를 통해 보완해야 할 것이 없는지를 분석하며 신제품이 시장에 출시된 후에도 신제품의 판매실적이나 상태를 점검하는 일을 한다.

식품 공학 기술자는 연구된 제품을 생산하기 위해 식품 가공, 표준화, 생산 포장, 품질 관리에 관한 개선된 방법과 기술을 개발하고, 생산 현장에서 생산 라인의 작업자를 지도하거나 제조 공정을 감독한다.

식품 시험원은 각 식품의 특성에 따라 이화학 실험, 미생물 실험을 통해 농약과 같은 식품의 유해성분 잔류 여부, 식품 첨가물의 적절성 여부 등에 있어 제품의 안전성을 판단하는 안전 검사를 하며, 이러한 실험 · 검사 결과를 토대로 종합적인 보고서를 작성한다. 최근 늘고 있는 수입 식품의 안전성 등을 분석하기도 한다.

🔴 한국식품연구원의 샘플 실험

❷ **되는 방법:** 먼저 개인적인 성향은 분석적인 사고와 탐구적인 성격의 사람에게 적합하다. 기술 설계, 품질 관리 분석 능력 등이 요구되며 생물 · 법 · 공학과 기술 등의 지식을 요구하고 있다. 식품 연구원 및 식품 공학 기술자가 되기 위해서는 대학에서 식품 공학 · 식품가공학 · 식품분석학 등 식품 관련학을 전공하는 것이 유리하다. 이 외에 화학 · 나노 바이오 · 저장 유통 · 유전학 · 수의학(동물 실험 등) 등 관련 전공은 다양한 편이다. 관련 자격에는 식품기술사 · 기사 · 산업기사, 수산제조기술사 · 기사 · 산업기사(한국산업인력공단) 등이 있다.

대학 졸업 후에는 식품 제조 및 가공업체, 식품 유통업체, 식품의약품안전처 등의 정부 기관과 기업체의 식품 관련 연구소, 식품 위생 검사 기관, 품질 검사 기관 등으로 진출할 수 있다.

식품의약품안전처 등에 소속된 보건 연구사는 연구직 공무원 신분이며, 공무원 임용

시험을 통해 선발된다. 이후 경력이 쌓이면 연구관으로 승진할 수 있다. 경력을 쌓은 후에는 식품 가공 관련 업체를 창업하거나 연구·개발 업무의 전문적인 경험을 살려 대학에서 강의하기도 한다. 채용 조건에 다소 차이가 있지만, 대기업이나 공공 기관 식품 관련 연구소 등 규모가 있는 연구소에서는 관련 분야의 석사 학위 이상 소지자를 요구한다. 김치, 인삼 등 특정 식품을 전공한 사람에 한해 채용하는 경우도 있기 때문에 특정 분야의 공부를 병행하는 것도 좋다.

❸ **직업적 전망:** 식품 연구원 및 식품 공학 기술자는 건강과 관련 있는 식품을 다루기 때문에 일반적으로 청결한 연구실이나 실험실에서 근무한다. 각종 약품을 사용해 성분을 분석하거나 신제품 연구 개발을 위해 주방 시설이 갖춰진 곳에서 직접 조리를 하기도 하며, 소비자의 반응을 살피기 위해 현장에서 시장 조사를 하기도 한다.

생활 수준이 향상되면서 식품과 건강에 대한 관심이 높아지고 있다. 가공식품의 식품 안전성에 대한 우려는 갈수록 높아지고 있어서, 국민들의 요구와 정부 시책은 식품 안전성 검사를 강화하는 추세다. 따라서 식품의 안전성을 검사하고 유해성분에 대한 새로운 분석을 담당할 인력의 수요가 사라지지는 않을 것으로 보인다. 기업도 자사 식품에서 유해성분이 검출되거나 유통 과정에서 문제가 발생하거나, 안전성에 문제가 있다는 인식을 얻게 되면 매출은 물론 기업 이미지에 심각한 피해를 입기 때문에 자체적으로 안전을 검사하기 위한 인력을 충원하고 있다.

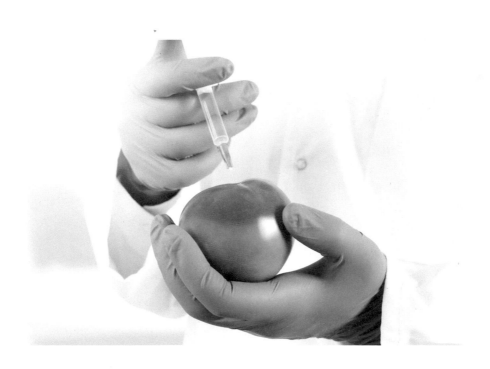

127

Interview

한국식품연구원

안지윤

Q 한국식품연구원은 어떤 연구기관인가요?

한국식품연구원은 식품 과학 기술 연구를 통해 국민의 건강과 삶의 질을 향상시키고 국가 산업 발전에 기여하고자 설립된 국내 유일의 식품 분야 정부 출연 연구기관입니다.

Q 그러면 식품 공학을 전공하셨나요?

아닙니다. 수의학을 전공했어요. 식품연구원의 대부분은 식품 영양, 식품 공학을 전공했지만 실제로 굉장히 다양한 전공자들이 모여 있습니다. 생화학, 세포분자학, 미생물학, 기계 공학 등 다양합니다. 또 식품연구소라고 여자가 많을 것 같지만 실제로는 남자와 여자의 비율이 비슷합니다.

Q 이곳에서 어떤 연구를 하고 계신지요?

저는 대사 기전 연구단에 소속되어 있습니다. 우리가 식품을 섭취하면 생체 내에서 여러 가지 효과를 나타내게 되지요. 첫 번째로 에너지가 생성되고 또 여러 생리 현상에 관여되는데요. 이렇게 식품이 몸속에서 어떻게 대사되어 이용되고 또 효능을 나타내는지를 연구하는 것이 우리 연구단의 주제입니다. 아주 기초적인 분야를 연구하고 있지요. 식품연구원에서는 저 같은 기초 파트도 있지만 식품의 저장 관리, 이력추적, 미생물 제어 등 굉장히 다양한 분야에 대한 연구가 이루어지고 있습니다.

Q 어떻게 이 연구소에 들어오게 됐는지요?

우유나 달걀 등 축산물을 살펴보면 'HACCP'이라는 표시를 확인할 수 있을 거예요. 'HACCP'은 축산물 위생 위해 요소를 제거하는 프로그램인데요. 농림부에서 전국 도축장의 위생을 관리하는 프로그램을 법률로 의무화시켰거든요. 그래서 수의학을 전공한 저도 이 프로그램 컨설팅 전문가로 들어오게 됐습니다. 굉장히 공익적인 연구를 하고 있지요. 정부에서 만든 연구원은 학교나 민간 연구원에서 수용할 수 없는 대단위 연구를 하는 것을 미션으로 삼고 있거든요. 나라에서 많은 투자를 하고 있으니, 연구에 관심 있는 학생들에겐 꿈의 직장이라고 해도 좋을 것 같아요.

Q 이곳에도 일반 회사 조직처럼 승진이 있나요?

네, 연구원은 일반 연구원, 선임 연구원, 책임 연구원으로 나누어집니다. 이곳도 직장이니만큼

남들이 가는 대로 트렌드를 좇아가는 게 아니라
내가 좋아하는 일, 선택한 일을 꾸준히
하고 있으면 반드시 기회가 올 거예요.

해마다 개인 역량 평가라는 평가가 이루어지는데요. 평가 기준은 첫째, 이 사람의 업적은 무엇인가 하는 부분입니다. 논문을 몇 편이나 발표했는지, 그 논문의 영향력은 어떠한지 평가합니다. 또 특허를 냈는지, 교육 기관에서 강의 등 활동을 얼마나 했는지로 평가받고요. 두 번째는 인사 고과입니다. 팀워크를 얼마나 조화롭게 이루어냈는지, 연구원의 연구 분위기를 얼마나 향상했는지 이런 부분도 평가 대상이 됩니다.

 연구 주제는 본인이 원하는 것을 정할 수 있나요? 아니면 이런 연구를 하라고 정해져 내려오나요?

두 가지 모두 가능합니다. 정부에서 연구원으로 주어지는 미션이 있는 경우 거기에 맞춰 제안서를 써서 프로젝트를 딸 수도 있고요. 개인적으로 흥미로운 연구 과제를 먼저 제안해서 수행할 수도 있어요. 연구는 대부분 자율성이 보장된다고 볼 수 있어요. 아주 이상적이지요. 다만 국민의 세금으로 진행되기 때문에, 기본적으로 국민을 위한 연구를 해야 합니다. 실제로 국민들에게 도움이 되고, 모두가 궁금해하는 부분인데 자신이 하고 싶은 연구라면 두 마리 토끼를 한꺼번에 잡을 수 있어서 가장 좋겠지요.

그럼 박사님은 요즘 어떤 분야를 연구 중이신가요?

지금은 식품으로 대사성 질환을 제어하는 연구를 하고 있고요. 또 관심을 가지는 것이 '우리나라 전통 발효'입니다. 사람들이 발효가 좋다고 하는데 왜, 어떤 점이 얼마만큼 좋은지 모호하거든요. 그래서 된장과 청국장의 콩이 발효 전후에 체내에서 어떤 성분이 어떻게 다르게 만들어지는지, 달라진 물질은 몸에서 정말 다르게 효과를 나타내는지를 연구 중인데요. 이 연구가 잘 되면 발효의 기능적 우수성에 대한 과학적 근거를 제시할 수 있을 것 같습니다.

지금까지 연구결과로는 똑같은 콩을 그냥 콩으로 먹었을 때보다 발효시킨 청국장으로 먹었을 때 골다공증 억제 물질이 더 많이 발견됐어요. 그러니까 콩을 발효한 식품이 뼈의 건강에 도움이 된다는 결과를 얻은 거죠. 그리고 다음 과제로는 노화의 비밀을 밝히는 연구를 할 계획입니다. 매년 뉴욕타임스 등 여러 기관지에서 장수 식품을 발표하지만, 정말 그런지 근거가 부족한 상태거든요. 초고령화 시대에 대비해서 뭘 먹어야 건강한 상태를 오래 유지하며 장수할 수 있을까. 건강한 노화와 퇴행성 변화는 다르니까요. 식품을 통해서 건강한 노화를 제어하는 프로젝트를 준비하고 있습니다.

연구원들은 근무시간이 탄력적인가요?

아닙니다. 9시부터 6시까지 정규 업무 시간이 정해져 있고요. 야근하는 경우도 많이 있습니다. 왜냐하면 저희는 실험을 많이 하는데, 실험 시간이 오래 걸리는 경우가 많아요. 예를 들어 물질을 처리하고 나서 6시간 후, 12시간 후에 관찰을 해야 하는데 퇴근 시간이 됐다고 실험을 중단하고 일어날 수가 없으니까요.

연구원이란 직업은 어떤 사람에게 어울릴까요?

저는 궁금증이 많은 사람이어야 한다고 생각해요. 모든 걸 당연하게 받아들이는 사람 말고 '왜

그럴까'라는 작은 물음이 큰 발견으로 이어진다고 생각
하거든요. 그리고 끈기 있는 사람이어야 한다고 생각
해요. 단기간에 끝나는 것이 아니라 평생 이어져야 하
니까 쉽게 포기하는 사람은 맞지 않아요. 또 도전하는
것을 싫어하는 사람, 안정적인 것을 꿈꾸는 사람에게
도 맞지 않아요. 팀이 함께 연구해야 하는 일이 많아서
오픈 마인드로 소통을 잘 할 수 있어야 합니다.

저는 어렸을 때부터 새로운 것을 알아가는 것을 참
좋아했거든요. 요즘도 친구들에게 우스갯소리를 해요.
공부한다고 돈 주는 데가 어디 있냐, 공부하는 데 모든
걸 다 지원해 주는 데가 어디 있냐고. 그것도 내가 관
심이 있는 것을요. 이건 정말 좋은 직업이죠.

Q 식품연구원을 꿈꾸는 청소년들에게 해 주고 싶은 이야기가 있다면?

우선은 생물과 화학에 대해 관심을 갖고
기초를 쌓았으면 좋겠고, 영어 공부도 열심히 해야 합
니다. 문헌들이 다 영어로 되어 있는 데다가, 글로벌
시대라 학회에 가서 정보를 나눠야 하니까 영어라는
도구가 필수라고 할 수 있어요. 그리고 좁게 보지 말고
넓게 보는 연습을 많이 해야 합니다. 스스로 생각을 많
이 했으면 좋겠어요. 지금은 좋은 점수를 따는 게 중요
하겠지만 과학이 정말 재미있는가, 내가 원하는 게 무
엇인가를 깊이 고민해 보라고 권하고 싶어요.

자기가 준비가 되면 길은 얼마든지 열린다고 생각해
요. 직업을 구하는 사람은 일이 없다고 하지만 사람을
뽑으려는 쪽에서는 인재가 없다고 하거든요. 그 말은
뭐냐면 내가 준비되면 어디든 갈 수 있다는 이야깁니
다. 남들이 가는 대로 트렌드를 쫓아가는 게 아니라 내
가 좋아하는 일, 선택한 일을 꾸준히 하고 있으면 반드
시 기회가 올 거예요. 그리고 식품에 대한 연구 분야는
앞으로 아주 전망이 밝다고 생각합니다. 의식주 중 가
장 중요한 것이 '식'이잖아요. 건강과 식품에 대한 관심
이 더 높아지는 만큼 이 분야의 연구 비중도 높아질 테
니 청소년 여러분도 관심을 가지고 함께 공부해 보길
권합니다.

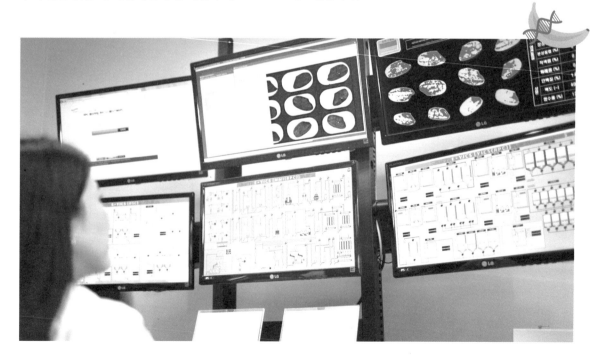

(2) 식품가공 검사원

❶ **하는 일:** 식품가공(food processing)이란 식품 재료의 본질을 변화시키지 않고 그 형상이나 물리적, 화학적·관능적·영양적 특성을 변화시키는 처리 공정을 말한다. 식품 재료를 가공할 때 얻을 수 있는 장점으로는 가공성 증가, 다양성 증가, 복합적 요소 증가, 관능적 가치 증가, 상품적 가치 증가, 저장성 증가가 있고 단점으로는 자연적 특성의 감소와 가공 비용을 들 수 있다.

○ 방사능 오염 검사

식품가공은 가공 정도에 따라 1차부터 4차까지 분류할 수 있다. 예를 들어 채소류나 과실류의 경우에는 우선 재료를 고르고 세척한 후 적당하게 잘라서 포장하면 바로 상품이 된다(1차 가공식품). 이 상품을 다시 자르고, 양념과 함께 섞고 버무리고, 발효시키면 2차 가공식품이 된다. 다시 이것을 적당한 용기에 담고 살균하여 통조림이나 병조림 식품으로 만들면 3차 가공식품이 되고, 만약 이 통조림이나 병조림 식품을 다른 육류와 혼합하여 조리 식품으로 레토르트형 식품을 만들었다면 4차 가공식품이 된다.

식품가공 검사원은 이런 가공식품을 생산하고 조리하는 데 사용되는 원료와 최종 식품 생산품이 표준에 맞는지 검사하고 이에 대한 등급을 매기는 일을 담당한다. 각 식품 조리 및 생산 과정에 사용되는 원료의 외양·맛·냄새 등이 표준에 맞는지 검사한다. 최종 식품 생산품의 품질을 검사하고 이에 대한 등급을 매긴다.

❷ **되는 방법:** 식품가공 검사원은 사람들의 먹을거리와 직결되는 직업이므로 철저한 위생 관념이 요구된다. 검사 결과를 허술하게 넘어가지 않고, 객관적으로 처리할 수 있는 도덕성과 진실성이 필요하다. 식품가공 검사원이 되기 위해서는 고등학교 졸업 이상의 학력이 요구된다. 구인 공고나 교육기관의 추천 등을 통해 과실채소 가공업체, 낙농품 제조업체, 육가공업체, 음료 제조업체 등에 채용될 수 있다. 채용 후 숙련된 검사원으로부터 현장 훈련을 받으면서 기능을 축적하게 된다.

❸ **직업적 전망:** 식품가공 검사원이 포함된 보건 위생 및 환경 검사원은 임금과 복리 후생이 높은 편은 아니다. 다만 보건 및 위생 검사가 강화되어 일자리 창출이 활발히 일어나고 있고, 공공 기관에서 일하고 있는 경

우가 많아 고용이 안정적이다. 위생에 대한 국민들의 관심이 높아지면서 민원의 양이 증가하여 근무시간이 비교적 길어서 다른 직업에 비해 정신적·육체적 스트레스는 큰 편이다.

(3) 전통 식품 제조원

❶ **하는 일**: 전통 식품 제조원은 우리나라의 고유 음식인 떡·한과·간장·된장·김치 등을 만드는 일을 하는 사람들이다. 조리할 식품의 종류에 따라 필요한 재료를 준비하여 재료들을 세척하고, 조리 방법에 따라 전통 식품을 만든다. 만들어진 식품을 포장하고, 주문한 고객에게 배달하거나 매장에 진열하여 판매하는 일을 겸해서 하기도 한다.

❷ **되는 방법**: 전통 음식 제조는 모든 공정이 수작업으로 이루어지기 때문에 꼼꼼하고 정확한 솜씨, 그리고 맛에 대한 감각이 필요하다. 전통 음식에 항상 붙는 수식어가 '손맛'이다. 전통 식품 제조원은 음식을 조리하는 일을 담당하기 때문에 무엇보다 맛에 대한 감각이 있어야 하며, 전통 고유의 맛과 향, 모양을 보전해야 하고, 사소한 차이에도 그 맛이 달라지기 때문에 숙련된 기능이 무엇보다 중요하다. 따라서 전통 음식 제조원이 되려는 사람은 음식에 대한 관심이 많고, 꼼꼼하고 치밀하고 정확한 성격이 잘 어울린다. 정교한 모양의 떡과 한과 등을 만들기 위한 남다른 손재주가 요구되기도 한다. 전통 음식의 조리와 판매를 함께 담당하는 경우, 고객에 대한 서비스 정신과 철저한 위생 관념도 요구된다.

전통 식품 제조원이 되기 위해 요구되는 학력의 제한은 없지만, 보통 전문대학이나 대학교의 조리 관련 학과를 졸업하면 취업 시 유리하다. 공채나 교육기관의 소개 등을 통해 떡이나 한과 전문점, 식품 제조업체 등에 채용되거나 충분한 경험을 쌓은 다음에는 자신만의 음식을 만들어서 창업하기도 한다. 조리 학원이나 문화 센터와 같은 사설 교육기관에서 전통 식품 제조원이 되기 위한 필요한 교육과 훈련을 받을 수 있어 관련 기술을 배울 수 있는 기회는 많이 펼쳐져 있다.

❸ **직업적 전망:** 향후 전통 식품 제조원의 수요는 현 상태를 유지하거나 다소 감소할 것으로 전망된다. 일자리 전망과 발전 가능성은 보통 미만이지만, 고용 평등은 좋은 편이다.

(4) 영양사

❶ **하는 일:** 영양사란 국민의 질병 예방과 건강증진을 위해 급식 관리 및 영양 서비스를 수행하는 전문인을 말한다. 한국표준직업분류에서 보건의료전문가 가운데 영양전문가는 임상영양사, 급식관리영양사, 보건영양사, 상담영양사, 기타영양사로 분류하고 있다.

구체적인 업무를 살펴보면, 학교 · 병원 · 회사 · 호텔과 같은 시설에서 급식 대상자의 기호나 영양가, 조리 능력, 비용 등을 기초로 하여 섭식의 준비를 기획하는 업무를 한다. 식품의 신선도, 함유 열량 등을 계산하고 섭취 영양소의 양을 분석하며 식단에 필요한 양을 산출하여 재료를 구입하고, 재료의 품질 상태 및 조리 방법을 확인한다. 조리 담당자의 조리, 위생 상태를 관리 · 감독하며 조리된 음식을 평가하기 위해 검식한다.

병원이나 노인 복지 시설, 요양원에서 근무하는 임상 관리 분야의 영양사는 환자의 식습관, 식사 섭취 정도 및 기타 영양상의 문제점을 조사 및 평가하고, 환자에 대한 적절한 영양 지원 및 영양 관리를 수행하고 그 내용을 기록한다.

급식 관리 분야의 영양사는 급식 대상자의 나이, 성별, 활동에 맞는 영양 권장량을 파악하고 비용을 고려하여 식단을 작성한다. 보건 분야의 영양사는 질병 예방과 건강증진을 위한 지역사회의 영양 개선 사업을 수행한다.

❷ **되는 방법:** 영양사는 음식과 건강에 대한 전문적인 지식이 필요하며 조리법이나 음식 메뉴를 개발하는 경우 분석적 사고 능력이 요구된다. 아울러 식단 및 소요 경비를 계획하거나 식품의 영양적 요건을 계산해야 하므로 수학적 꼼꼼함이 요구된다. 함께 근무하는 조리사 및 기타 종사자들과 원활한 대인 관계가 가능한 사람이 좋다.

영양사가 되기 위해서는 먼저 전문대학이나 대학교에서 영양학과 · 식품영양학과 · 식품과학과 등을 전공하여 졸업한 후, 영양사국가시험에 응시하여야 한다. 국가시험 영양사 자격증을 따려면 대학교 및 전문대학에서 식품학 또는 영양학 전공자로서 식품, 영양 관련 18과목 52학점 이상을 이수하고 영양사 국가시험에 합격한 후 보건복지부 장관

명의의 면허를 받아야 한다. 영양사 국가시험은 보건복지부 장관의 승인 하에 한국보건의료인국가시험원에서 매년 실시되고 있다. 영양사 시험은 기존에 총 300문항/9과목을 평가했으나, 2017년도 제40회 자격시험부터는 시험 내용에 변화가 생겨 총 220문항/4과목을 평가하고 있다. 자격시험에 합격하려면 전 과목 총점의 60% 이상 득점해야 한다.

영양사는 대부분 산업체·학교·병원·사회 복지 시설·영유아 보육 시설 등의 집단 급식소와 급식 전문업체·보건소 등에서 근무하며 건강 기능 식품 판매사·건강 증진 센터·체중 관리 센터에서 영양에 관한 상담 업무를 담당하고 있다. 학교에서 일하려면 대학교에서 교직 과목을 이수하고 교원임용 시험에 응시해서 합격해야 정규 교원인 영양 교사가 된다.

❸ 직업적 전망: 우리나라의 영양사는 크게 산업체, 학교, 병원, 보건소, 사회 복지 시설 등에서 일하고 있으며, 최근에는 사회가 발전함에 따라 연구 및 교육, 건강 상담, 식품, 복지, 행정, 영양 정보, 매스컴 등 다양한 분야에서 종사하고 있다. 하지만 정규직 비율이 낮은 편이고 승진 가능성과 직장 이동 가능성이 낮아 발전 가능성 영역에서 낮은 점수를 보이고 있다. 전문 지식을 바탕으로 업무에서의 자율성은 일정 수준 이상이며, 사회 봉사 및 소명 의식 수준은 높은 편이다.

(5) 식품가공 관련 기능 종사자

❶ 하는 일: 식품가공 관련 기능 종사자는 식용을 목적으로 동물을 도축하거나 김치 및 밑반찬을 만들고 식품의 등급을 매기는 일을 담당하는 사람들로 대표적으로 정육원 및 도축원, 김치 제조 종사원, 식품 등급원 등이 있다.

● 정육원 및 도축원: 정육원 및 도축원이 하는 일을 살펴보면, 먼저 소·돼지·닭 등을 식용으로 사용할 목적으로 도살·도축하고 뼈를 발라낸 후 일정하게 자른다. 도축장에서 소나 돼지를 도축할 때는 가축의 불안감과 스트레스를 줄이기 위해 가축을 계류(씻기고 물을 마시게 하는 등 휴식을 실시)하고 중량을 잰 후 전기 충격법, 타격법 등으로 도살한 다음 털·가죽·내장 등을 제거한 후 비식용 부위를 제거하기 위해 세척한다. 또한 부분 육가공이나 시장 출하를 위해 다시 최종 세척을 하고 부위별로 잘라 가공 처리한다. 이때 육류의 등급은 육질·육량 등을 종합적으로 고려하여 육류 등급 판정사가 분류하며 등급에 따라 판매 가격도 달라진다. 저장성을 높이기 위해 건조하거나 소금에 절이는 등의 보존 처리 작업을 하기도 한다.

● **김치 제조 종사원:** 김치 제조 종사원은 김치 가공업체에서 다량의 김치를 만드는 일을 한다. 배추를 선별한 다음 상한 잎이나 뿌리 등을 제거하는 전처리 작업을 하여 배추를 다듬고 칼로 절단한 후에 소금물이 담긴 절임 탱크로 배추를 운반하여 절인다. 절임이 완료되면 이물질을 제거하고 세척하여 염분을 조절한다. 큰 사각 상자 등에 담아 물기를 뺀 다음 준비된 양념으로 버무린다. 김치에 버무리는 양념 역시 배추와 마찬가지로 전처리 과정을 거친다. 마늘·파·생강 등 각각의 양념을 따로 다듬고 세척하여 기계에 넣어 배합한 후 준비해 두는 것이다. 버무리는 작업은 크게 두 가지로 나뉜다. 포기김치의 경우는 김치 제조원이 직접 수작업으로 버무리며, 잘게 썬 조각 배추의 경우는 혼합기로 버무린다. 이렇게 완성된 김치는 일반 소비자용 혹은 단체 급식용 등으로 용도에 따라 나누어 포장 용기에 담아 냉장실로 옮겨 숙성시킨다.

● **식품 등급원:** 식품 등급원은 식품의 맛이나 색깔, 부패 여부 등 제품의 원료와 최종 생산품이 표준에 맞는지 살펴서 품질을 결정하고, 각종 식품을 선별하고 등급을 매기는 일을 한다. 또한 제품의 제조 공정 단계마다 견본을 추출하여 제품의 외양·맛·냄새 등이 표준에 부합하는지 여부를 검사하며, 만일 부적합한 제품이 발견되면 불량 판정을 내려 곧바로 폐기 처분한다. 식품 등급원은 주로 과실·채소 가공업체, 낙농품 제조업체, 육가공업체, 음료 제조업체 등 음식료품 가공과 관련된 업체에 고용되어 일한다.

❷ **되는 방법:** 식품가공 관련 기능 종사자는 사람이 먹는 식품을 생산하고 가공하는 일을 담당하므로 무엇보다 우선 정직하고 꼼꼼한 사람이어야 한다. 품질관리분석, 신체적 강인성 등의 능력이 요구되며 식품 생산, 상품 제조 및 공정 등의 지식을 갖추고 있어야 한다.

식품가공 관련 기능 종사자가 되기 위한 별도의 교육이나 훈련은 없으며, 입사 후 숙련 종사자로부터 기술을 익히는 경우가 많다. 그래서 당장 현업에 투입할 수 있기 때문에 식품 제조업체 등 관련 업체에서 근무한 경력이 있는 사람은 채용 시 우대하기도 한다. 관련 자격에는 식육처리기능사, 조리기능사(중식·양식·한식·일식·복어) 등이 있다. 채용 방법은 공채를 통하기도 하지만 결원 시 기존 종사자로부터 추천을 받는 경우가 많다. 김치 제조업체는 김장철 등 물량이 많은 성수기에 임시 일용 근로자를 별도로 채용하기도 한다. 입사 후 경력이 쌓이면 반장, 감독 등의 중간 관리자가 될 수 있으며, 본인이 직접 육가공업체 및 도소매업체, 유통업체, 김치나 밑반찬 제조업체, 음식점 등을 경영할 수도 있다.

❸ **직업적 전망:** 식품가공 관련 기능 종사자는 근무 시 위생복과 위생모, 마스크, 장화와 장갑을 착용하고 대부분 서서 오랜 시간 작업해야 하며, 무거운 육류나 야채 등을 운반할 때도 있다. 육체적인 노동력이 많이 요구된다. 반면 이들이 종사하는 작업장은 항상 청결을 유지해야 하므로 장비나 도구 등에 이물질이나 유해 물질이 묻지 않도록 주의해야 하며, 특히 도축원은 장갑, 장화 등을 세척·소독하여 위생에 각별히 신경 써야 한다. 이런 까다로움 때문에 최근 도축장 내 단순 업무를 중심으로 외국인 근로자의 고용이 늘고 있어 국내 도축원의 고용에 부정적인 영향을 미치고 있기도 하다. 식품가공 관련 분야에서는 지속적으로 기계 자동화가 이뤄지고 있으나, 사람이 해야 하는 부분이 분명히 있기에 식품가공 관련 기능종사자의 고용은 현 수준을 유지할 것으로 전망된다.

10. 경제학 관련 직업

인간이 행하는 경제생활의 여러 측면을 연구하여 논리를 밝혀내고, 그에 따라 경제문제를 해결하는 방법을 찾는 학문인 경제학이 하나의 체계적인 독립 과학으로 성립된 것은 1776년 아담 스미스(Smith, A.)의 〈국부론〉 출간 시점으로부터 보고 있다. 경제학은 인간의 경제활동에 기초를 둔 사회적 질서를 연구 대상으로 하는 사회 과학이다. 인간의 욕망을 충족시키기 위한 수단이 항상 제한되어 있다는 사실(자원의 희소성)과 그 제한된 수단을 가장 유효하게 활용하고자 선택을 하는 과정에서 그 자원의 배분으로 야기되는 경제적·사회적 문제를 적절히 해결할 수 있는 방법을 찾아내고자 연구하는 학문이다.

(1) 경제학 연구원(경제학자)

❶ **하는 일:** 경제학자는 주로 사회에서 일어나는 경제 현상을 분석·연구하고 수학과 통계 등의 방법을 사용하여 일관된 경제 법칙을 발견하고 정립하며 경제적인 현상이 일어나는 이유를 설명하는 사람이다. 경제학 연구원은 재화와 용역의 생산과 분배 및 교환으로부터 발생하는 여러 경제적·사회적 문제들을 해결하기 위해 경제학의 원리와 이론을 적용하여 합리적 해결 방법을 연구하는 사람이다. 둘 다 금융·노동 등 전문 분야의 경제적·통계적 자료를 연구하며, 고용·생산성·임금과 시간 등 관련된 자료를 수집하고 경제 관계 자료를 검토하고 분석하여 연구결과를 만들어 낸다.

❷ **되는 방법:** 경제학·경영학·회계학 등 경제 전반에 대한 지식을 가지고 있어야 하며, 사회 전반의 경제 현상에 대한 조사와 분석 활동이 많으므로 통계 분석을 위한 기본적인 수리 능력과 통계 관련 프로그램의 활용 능력이 요구된다. 사회의 구체적인 문제(특히 노동과 재화)에 늘 관심을 가지고 이를 해결하려는 것을 즐기는 자세가 있다면 좋다. 최종적으로 경제학 연구결과를 사람들에게 쉽게 읽힐 수 있도록 보고서를 작성할 수 있도록 논리적이고 분석적 글쓰기 능력 또한 요구된다.

대학의 경제학과에 들어가는 것이 일반적이다. 다만 이때 수학을 복수 전공하는 것이 좋다. 경제학은 문과이기는 하지만 수학적 근거를 통해 객관성을 확보하는 분야이기 때문에 수학을 알아야 한다. 선형대수·해석학·미적분학은 모든 경제 분야의 기본이고, 계량을 전공하기 위해서는 통계학·수리통계학·확률론 등의 통계학 과목도 들어야 한다.

대학을 졸업한 후에 국내 대학원에 진학하거나 외국 대학으로 유학을 가서 경제학 관련 분야의 석사 또는 박사 학위를 취득하는 것도 도움이 된다. 대학원에서는 자신의 세부 전공 분야를 정하게 되는데 보통 거시·미시·계량·노동·재무·경제사·정치경제·제도 경제 등에서 택하게 된다. 그리고 향후 이와 관련된 분야에서 연구를 수행하게 되거나 연구 프로젝트에 참여하거나 연구 보조원(RA)으로 근무해서 다양한 연구 경험을 쌓게 된다.

이후에 공채나 특채를 통해 공공 기관이나 기업체, 경제 연구소, 정부 출연 연구소, 기업 부설 및 민간 연구소, 대학 부설 연구소 등의 연구원으로 진출할 수 있다. 채용 방식은 연구소마다 차이가 있으나 대개 1차 서류 심사, 2차 연구 논문 발표 및 토론, 3차 면접 등의 과정을 거친다.

❸ **직업적 전망:** 경제학 연구원은 임금과 복리 후생이 전체 직업 평균보다 높은 편이다. 하지만 그만큼 취업 경쟁이 매우 치열하다. 정규직 고용의 비율이 평균보다 높으며, 고용이 잘 유지되는 편이다. 근무 환경이 쾌적하고 육체적 스트레스는 크지 않은 편이지만, 근무시간은 평균에 비해 길고 정신적 스트레스가 매우 심한 것으로 나타났다.

현대경제연구원은 어떤 곳인가요?

현대경제연구원은 현대그룹의 싱크탱크이자 국내 최고의 민간 연구기관입니다. 민간 연구기관이지만 거의 사회 공헌적 성격이 크다고 할 수 있어요. 경제 연구라는 것이 거의 수익을 낼 수 없는 사업이거든요. 그래서 한국 경제의 경쟁력 제고라는 국가적 사업이 성취될 수 있도록 시대적 비전을 제시하고, 실현 가능한 정책 대안을 제시하는 역할을 하지요. 우리 회사에서 분석한 보고서와 교육용으로 만든 지식 콘텐츠는 거의 모두 외부에 공개되고 발표됩니다. 신문이나 뉴스를 보면 현대경제연구원에서 낸 보고서를 인용하여 기사화되는 것을 자주 보실 수 있는데요. 그렇게 경제 현안을 분석하고 창조적인 대안을 제시하여 합리적인 여론을 형성하고 정부 정책을 선도하는 것이 연구원의 가장 중요한 역할이지요. 또 컨설팅과 교육 사업도 병행하고 있으며 '한국경제주평' 등 정기 간행물도 발간하고 있습니다.

김수형 연구원은 이곳에서 어떤 일을 하나요?

저는 경제연구실에 소속되어 있습니다. 우리나라를 비롯해 세계 경세 진반을 연구하는 부서인데요. 제가 주제를 잡아서 연구하고 보고서로 정리하는 것이 주된 업무입니다. 지금은 저희 회부서에서 차기 정부의 중장기 정책에 대해 같이 연구를 진행하고 있는데요. 제가 맡은 것은 복지 분야입니다. 복지 정책의 경제적 효율성에 대해 연구하고 있습니다. 이렇게 연구해서 하나의 보고서를 완성하기까지 보통 한 달에서 한 달 반 정도 걸려요. 연구 기간이 길지 않다 보니 사람들이 관심 있어 할 만한 트렌디한 이슈를 선택해서 연구하지요. 좀 더 프로젝트 기간을 길게 잡고 깊이 있게 연구하시는 다른 분들도 있습니다. 주제를 정할 때는 기본적으로는 각각 이 주제를 하고 싶다는 간단한 제안서를 써서 회의를 통해 그 프로젝트를 진행하는 걸로 결정이 되는데요. 간혹 외부의 요청이 오기도 하고, 위에서 이런 주제로 진행해 보라고 주제가 정해져 오기도 합니다.

박사 학위 마치고 공채로 들어오신 건가요?

저는 박사는 아닙니다. 석사 학위까지 마치고 취업을 알아보는데, 여기 연구소에서 마침 공개 채용 공고가 났고 지원해서 들어오게 됐습니다. 4년 만에 직원을 뽑았는데 제가 운이 좋았죠. 대부분 석사 학위 이상 소지하신 분들이고, 많이 뽑지도 않아요. 이번에도 딱 두 명만 채용됐습니다. 다른 스펙 좋으신 분들도 많았을 텐데 왜 제가 뽑혔는지는 저도 잘 모르겠어요. 1차 서류랑 2차 면접으로 뽑는데,

내 인생 목표가 연구원, 교사 이런 건 아니잖아요.
어떤 연구업적을 남기고 싶어서 연구원을 하는 것이지,
연구원 자체가 목적이 되어선 안 된다고 생각하거든요.

면접 때 긴장해서 말도 잘 하지 못했거든요. 그런데 제가 준비했던 질문이 나와서 제가 떨면서도 대답을 조리 있게 한 것 같아요. 브렉시트(영국의 유럽연합 탈퇴)가 일어난 영국 내부적 원인이 뭔가, 현재 우리나라에 모럴 헤저드(moral hazard, 도덕적 해이)가 일어나고 있는 분야가 어디인가, 또 개인적인 질문도 있었고요. 2016년 9월에 입사해서 수습 기간 3개월을 거친 후 정직원이 되었습니다. 직급은 연구원, 그러니까 일반 회사로 치면 사원이에요.

연구소의 직원이 되어 근무해 보니 어떠세요?

아주 만족하면서 다니고 있어요. 근무 여건도 그렇고, 월급이 세다고 할 수는 없는데요. 업무 압박도 다른 회사에 비해 덜해요. 빨리빨리 결과물을 내놓으라는 압박도 별로 없고요. 퇴근 시간도 특별한 일 없으면 정시에 퇴근하는 편입니다. 그런데 보시다시피 사무실에서 말하는 소리가 일절 들리지 않습니다. 사무실 분위기가 마치 모두가 공부 열심히 하는 독서실 같아요. 처음엔 너무 조용해서 좀 불편했는데, 이제 적응해서 괜찮습니다. 그리고 연구직이라는 직업이 공부를 하고 보고서를 쓰는 일이라 항상 다양한 이슈를 접하고, 다양한 책을 읽어서 지루하지 않아요. 자기 계발도 계속할 수 있어요. 그런 면에서 참 좋은 직업이라고 생각합니다.

원래 경제학자가 꿈이었나요?

고등학생 때까지는 교사를 해야겠다고 생각했어요. 그런데 고2 때, 어느 날 내가 왜 교사를 지망할까? 생각해 보니 뭐 가르치는 일이 좋아서, 학생들이 좋아서 이런 게 아니라 그냥 복리 후

생이 좋고, 근무 여건이 좋으니까 하고 싶다… 이런 생각을 하고 있더라고요. 그래서 내가 아직 젊은데 이래도 되나, 반성을 좀 하고 진로를 수정했죠.

사실 경제학과에 대해서 잘은 모르고, 막연하게만 생각하고 선택하긴 했어요. 사회 현상 중에 제가 경제에 관심이 제일 많은 것 같았거든요. 수능 보고 교대랑 경제학과 둘 다 붙어서 고민을 좀 하다가 경제학과에 들어갔는데, 공부를 해 보니 저랑 잘 맞고 재미있더라고요. 통계 분석을 공부하면서 이론이 맞는지 틀리는지 자료를 가지고 시험하거나, 현재 상태를 진단하거나 이런 것이 현실적이어서 재밌게 느껴졌어요. 예를 들어 가계 부채가 1,200조다. 그래서 부채 때문에 소비가 늘어나지 못하고 있다… 이런 얘기가 나오는데 진짜 그런지 시험해 보는 거죠. 이런 실질적인 것을 공부하는 게 재미있어서 대학원으로 진학했고, 연구원이 되어 계속 공부를 하고 싶다는 생각을 하게 됐지요. 가능하다면 회사를 다니면서 박사 과정도 밟고 싶어요.

우리 사회에서 경제학자가 왜 필요한가요?

경제학자는 현재 직면한 경제적 이슈에 대해 원인 등을 파악하고, 또 미래에 일어날 경제 현상을 예측하는 일을 합니다. 그래서 경제학자는 일종의 신호를 주는 역할을 하게 되지요. 예를 들어, 스태그플레이션(stagflation, 경기 불황 중에도 물가가 계속 오르는 현상)이 올 수도 있다. 금리가 어떻게 될 수 있다. 이런 신호요. 그래서 경제학자는 더 많은 데이터를 분석하고, 경제위기 같은 이상 신호가 예측이 된다면 이를 알려 주고 피해를 최소화하는 방법, 정부 정책에 대한 의견, 정책 제언들을 하기 때문에 우리 사회에 없어서는 안 될 중요한 일을 하고 있다고 생각합니다.

같아요. 하지만 데드라인 전에 자기 할 일을 해내기만 하면 거의 간섭을 받지 않아요. 그러니까 장점도 되고 단점도 되는 거죠.

Q 연구원이 된 후 새로 생긴 계획이나 꿈이 있나요?

아직 저는 파트가 정해져 있진 않은데, 소비이든 투자든 저의 전문 분야가 생겨서 "이건 수형이한테 물어보면 돼." 이렇게 전문가가 되는 것이 지금의 목표예요.

Q 경제학자의 미래 전망은 어떨까요?

이제 4차 산업혁명으로 세계 경제에 많은 변화가 일어날 것으로 예상됩니다. 그래서 공유 경제학자, 빅데이터 분석 경제학자 등 트렌드와 변화에 맞는 다양한 전문 분야 경제학자들이 필요할 것으로 보입니다. 또 최근에 더욱이 무역이나 환율 등이 중요한 이슈들로 부상하면서 이를 대비하거나 분석하는 경제학자들이 많이 필요해질 것입니다.

Q 몇 달 동안 근무하면서 경제 연구원으로서 가장 보람을 느낄 때는 언제였나요?

일단 월급 받을 때 제일 보람을 크게 느끼고요. 또 하나는 보통 때는 그냥 저 혼자 공부하고 있으니까 일을 하는지 공부를 하는지, 사회 공헌을 하는지 느낌이 잘 안 나는데, 제 보고서가 언론에서 인용되는 걸 보면 '아, 내가 뭔가 일을 하고 있구나' 보람을 느끼게 됩니다. 부모님도 엄청 좋아하시더라고요. 효자 됐습니다.

Q 그럼 단점은 어떤 것이 있을까요?

이게 장점이 될 수도 있고 단점이 될 수도 있는데요. 뭔가 정해진 게 아니라 제가 주제를 잡아서 결론까지 혼자 힘으로 이끌어 가야 하잖아요. 하고 싶은 연구를 해서 장점이기도 한데, 그게 창작의 고통이라고 해야 하나요. 쉬운 작업은 아닌 거

Q 취업에 성공한 선배로서 후배 청소년들에게 해 주고 싶은 말이 있다면?

미래에 대해 조급하게 생각하지 말았으면 좋겠어요. 저도 안정된 직장을 가지는 것을 꿈으로 생각한 적이 있었지만, 사실 어떤 직업을 갖는 것은 수단일 뿐이에요. 내 인생 목표가 연구원, 교사 이런 건 아니잖아요. 어떤 연구업적을 남기고 싶어서 연구원을 하는 것이지, 연구원 자체가 목적이 되어선 안 된다고 생각하거든요. 그러니까 진로에 대해 너무 조급해 하진 말고 내가 뭘 하고 싶은지, 무엇을 하면 즐겁게 살 수 있을지를 먼저 생각했으면 좋겠어요.

그리고 제가 학교 다닐 때, 좋게 말하면 모범생, 나쁘게 말하면 놀 줄 모르고 공부만 하는 찌질이였거든요. 집, 학교, 집, 학교… 그랬어요. 오락실을 가거나 여자 친구를 만나거나 이런 게 술 담배 못지않은 나쁜 짓인 줄 알았는데, 굳이 그럴 필요가 있었나? 10년 뒤 내 미래도 내 인생이지만 지금의 나도 행복할 권리가 있는데, 그렇게까지 희생해야 했을까 하는 생각이 들더라고요. 오락실 안 간다고 점수가 막 오르는 것은 아니잖아요. 거기에 중독이 되어 다 놓아버리고 막 살면 물론 안 되겠지만, 책상에만 하루 종일 앉아 있다고 내내 공부하는 건 아니니까 적당히 즐겁게, 적당히 그 시기에 맞는 놀이를 하면서 지내는 편이 더 나은 것 같아요. 지금은 나이가 어리기 때문에 무한한 가능성을 가졌다고 봅니다. 자신을 믿고 뭐든지 최선을 다해서 즐겁게 도전해 보세요.

(2) 경제 분석가

경제 분석가는 기업분석 및 금융 시장 분석의 기반을 제공하기 위해 국내외 경제 현황을 조사·분석·전망하는 일을 하는 사람이다. 보통 한국은행 및 국내외 경제 연구소에서 발간한 경제 동향서, 각 금융 기관의 금융 정책, 국내외 경제 지표, 환율 동향 예측 자료 등의 정보와 자료를 모두 실시간으로 수집·분석하여 향후 경제를 예측한다. 뿐만 아니라 경제, 금융 관련 학술회에 참가하여 정보를 수집하기도 한다. 경제 동향을 파악하기 위하여 최근 경제 이슈를 선정하여 변화의 원인과 내용에 대해 분석하며 향후 경제에 대한 전망을 하고 진행 시나리오를 작성하기도 한다. 각종 TV, 라디오 프로그램에 출연하거나 강의, 강연, 집필을 통해서 연구결과를 대중에게 알리기도 한다.

(3) 국제경제 분석가

국제경제 분석가는 기존의 관세 및 무역에 관한 일반협정(GATT)을 흡수, 통합해 세계 무역 질서를 세우고 UR협정의 이행을 감시하는 역할을 하는 국제 기구인 세계무역기구(WTO, World Trade Organization), 아시아·태평양 지역의 경제 협력 증대를 위한 역내 정상들의 협의 기구인 아시아태평양경제협력체(APEC, Asia-Pacific Economic Cooperation), 각종 국제기구와 밀접한 관계를 구축하고, 경제 정책, 에너지, 국제 무역, 식량, 환경, 과학, 노동 등과 같은 사회 분야 정책 전반에 관하여 걸쳐 수시 논의 및 협력을 추진하는 경제협력개발기구(OECD, Organization for Economic Cooperation and Development), 개발 도상국의 산업화와 국제 무역을 지원하고 남북문제 해결을 목적으로 설치된 국제연합총회의 상설 기관인 국제연합 무역개발회의(UNCTAD, United Nations Conference on Trade and Development) 등과 같은 국제 경제 기구의 관련자들과 협의하여 자료를 교환·수집하고, 관련 자료를 분석·배포·발간하는 일을 한다. 세부적으로 보면 국제경제기구 등에서 논의되는 국제 경제·무역 관련 이슈 등 다자간 통상 현안에 대한 동향을 수집·분석한다. 국제 경제 관련 각종 통계자료를 분석하고, 국제 경제 관련 자료를 기업 등에 배포하며, 정부의 주요 정책 결정 시 참고 자료로 제출하기도 한다.

(4) 거시 경제 연구원

거시 경제(Macroeconomics)란 거시 경제 현상을 중점적으로 연구하고 설명하려는 이론체계를 말한다. 거시 경제는 가격 기능에 의한 개별 시장 간의 상대적 자원 배분과 그 배분의 효율성이 관심사가 아니라, 전체 경제의 총생산량 변화, 즉 국민소득의 변화가 주 관심사다. 따라서 거시 경제가 다루는 변수는 국민소득과 연관된 변수들로 생산량, 국민소득을 중심으로 물가, 실업, 이자율, 국제수지 등이 있다.

거시 경제 연구원은 국내외 경제 동향 및 경제 여건을 지속적으로 점검·분석하여 경제 현황 및 정책 기조를 분석·평가하고 거시 경제의 정책 방향을 제시하는 사람을 말한다. 구체적으로 보면 환율 변동이 설비 투자에 미치는 영향, 외채가 경상 수지에 미치는 영향 등과 같은 국내외의 경제 변동을 조사·분석하여 한국 경제에 거시적인 측면을 전망한다.

(5) 북한경제 연구원

북한경제 연구원은 말 그대로 북한 관련 경제문제를 분석·연구하여 정부의 대북한 경제 정책의 설정 및 운영 방향을 제시하는 일을 하는 사람이다. 북한 관련 자료를 수집하고 북한 경제의 동향을 분석한다. 세부적으로는 북한 대외 경제 부문의 변화와 북한 지역 투자 환경, 동북아 지역의 경제 추진 상황 등을 분석한다. 기업의 대북 진출 방안과 북한과의 경협 관련 세도직 장치와 남북 경협의 촉진방안과 관련된 연구를 한다.

11. 인문 과학 관련 직업

　인문 과학이라는 개념은 라틴어 '후마니타스(humanitas)'라는 말에서 유래되었다. 후마니타스는 문자 그대로 해석하면 '인간다움'이라는 뜻이며, 따라서 인문 과학(humanities)은 인간과 인간의 문화에 관심을 갖는 학문을 말한다. 인문 과학은 이처럼 철학·역사학·언어학·교육학·심리학 등 인간에 관해 연구하는 학문이다. 연구 분야에 따라 철학 연구원·역사학 연구원·언어학 연구원·교육학 연구원·심리학 연구원 등으로 불린다. 이 밖에 대학에서 국문학·영문학·불문학·러시아문학 등을 전공하여 각 나라의 언어·문학·문화·역사·사회 전반에 대해 전문적이고 종합적인 연구를 하는 연구원들도 있다. 이들은 각 나라의 고전 및 현대 문학 작품을 읽고 분석하여 그 나라의 가치관·문화·역사적 특수성 등을 파악하고, 이를 통해 그 국가의 사회와 문화를 연구한다.

　인문 과학 연구원의 경우 앞서 기술한 자연 과학이나 사회 과학 분야와 달리 진출할 수 있는 곳이 상대적으로 매우 제한적이다. 진출할 수 있는 정부 출연 연구소도 적다. 상대적으로 근무 환경과 임금 조건이 좋은 몇 안 되는 정부 출연 연구소의 경우 취업 경쟁이 더욱 치열하다. 단기간에 눈에 띄는 성과물이 잘 나타나지 않는 인문학 분야의 연구는 기업 부설 연구소에서도 하지 않는다. 현재 인문 과학 연구원이 활발하게 활동하고 있는 곳은 대학의 부설 연구소 정도이며, 인문 과학 연구원으로만 전문적으로 활동하는 것이 아니라 시간 강사나 대학 조교 등을 겸직하는 경우가 많다. 임금 수준이 낮고 영세한 규모가 많아 일자리가 신규로 생성된다고 보기 어렵다.

그나마 다행스러운 것은 최근 '인문학 붐'이라고 할 만한 인문학과 다른 학문의 융합이 일어나고 있다는 점이다. 특히 인문학과 기술이 융합되어 신제품이나 새로운 서비스를 창출하는 과정에서 인문학이 새롭게 주목받고 있다. 여러 학문 간 학제적 연구가 활발해지고 인문학 분야의 연구결과가 실용화되고 있는 것은 인문 과학 연구원의 일자리 창출에 긍정적으로 영향을 미칠 수 있을 것으로 보고 있다. 인문학 기피 현상이 확대되면서 과거보다 전공자가 줄긴 했지만, 관련 전공자는 국내외에서 꾸준히 배출되고 있다.

(1) 철학 연구원

철학 연구원은 사물의 근원과 현상에 대한 기본 전제 및 삶의 의미를 깊이 있게 탐구하는 사람이다. 사물과 현상에 대한 기본 전제들을 탐구하며, 사고의 방식 자체를 깊이 있게 연구한다. 삶의 의미를 깊이 있게 연구하며, 때로는 종교를 통해 궁극적인 것 혹은 진리에 대하여 연구를 병행하기도 한다. 실존적인 관심에 대하여 연구하고 도덕적인 문제를 개념 및 논리적으로 분석하기도 한다.

○ 소크라테스

철학 연구원은 사람과 사회에 대한 폭넓은 시각뿐만 아니라, 지적 호기심을 가지고 있어야 하며 역사 · 사회 · 신학 · 인류 등 인문학과 사회 과학 전반에 대한 광범위한 지식이 요구된다. 사물과 인간에 대한 논리적이고 혁신적 사고력과 통찰력이 요구된다. 보통 대학에서 철학이나 종교학을 전공한 후에 대학원에 진학하여 철학 관련 분야의 석사 또는 박사 학위를 취득하는 추세다.

(2) 역사학 연구원

역사란 과거에 일어난 사건 · 사회 변화 · 사상 · 문화를 다루는 학문으로 과거를 좀 더 깊이 이해하고 이를 통해 현재와 미래를 내다보는 학문이다. 역사학 연구원은 선사 시대로부터 현대에 이르기까지 정치 · 경제 · 사회 · 문화 등에 걸쳐 과거 사건에 대한 기록의 원본이나 고고학 또는 인류학적 발견물 등 자료를 수집하여 조사 · 분석하는 일을 한다.

기록보관소나 도서관 또는 개인이 소장하고 있는 자료들로부터 유용한 자료를 수집하고 다른 사학자 및 고고학자 등 연관 연구자의 업적을 연구한다. 역사관의 흐름, 역사의 시

대 구분, 역사 연구의 역사, 역사의 인식 문제 등을 연구하기도 한다. 특수한 지역·시대·민족·국가의 역사나 정치사·경제사·사회사·문화사와 같은 특수 역사 부문을 전문적으로 연구하거나, 개인, 기구, 단체, 특정 시대의 사회 관습이나 습관 등에 관한 주제를 연구하기도 한다. 역사학 연구원 역시도 사람과 사회에 대한 폭넓은 시각, 지적 호기심을 가지고 있어야 하며, 역사·사회·철학 등 인문학과 사회 과학 전반에 대한 지식을 갖추고 있어야 한다. 여기에 각종 문헌 자료를 탐구하고 연구하므로 한문과 영어·중국어 등 일정 수준의 외국어 능력도 요구되며 주어진 연구 과제를 끝까지 수행할 수 있는 계획성·성실함이 필요하다.

주로 대학의 역사학과를 졸업하고, 대학원에 진학하여 역사학 관련 분야의 석사 또는 박사 학위를 취득하고 연구원에 진출하는 것이 일반적이다.

(3) 심리학 연구원

심리학은 인간의 행동과 정신 작용을 연구하는 학문이다. 즉 복잡다단한 사람의 마음을 과학적으로 연구하는 학문이다. 이것을 다시 의학·교육·산업과 같은 분야에서 적용하여 심리학적 문제를 연구하고 어떻게 처치할 것인가에 관한 의견을 제시하는 학문이기도 하다. 밖으로 드러나는 사람들의 행동을 연구해서, 왜 그렇게 행동하는가를 잘 이해할 수 있게 해 주는 일을 하거나, 사람의 성격이 어떻게 발달하는지, 학생들의 학습을 돕는 방법에 대해서도 알아낸다. 지능·능력·적성·인성 및 기타 인간의 행동을 측정하는 검사를 개발하고 시행하며, 그 검사에서 얻은 검사 자료를 해석하여 적당하다고 인정되는 의견을 사람들에게 권유한다. 의학, 교육, 산업 현장에서 나타날 수 있는 다양한 인간의 심리학적 문제를 연구하고 해결방안에 대한 심리학적 지식과 정보를 제공하기도 하고, 사회 및 직장에서의 부적응 등을 진단·치료 및 예방하기도 한다.

심리학 연구원은 무엇보다 인간에 대한 애정과 관심을 가지고 있어야 하며, 인간의 복잡한 행동과 정신 과정을 과학적 방법을 통해 체계적으로 분석하고 설명할 수 있는 논리적 사고력이 필요하다. 심리학의 연구결과는 정교한 데이터를 기반으로 치밀하게 분석한 것이기 때문에 수리 능력 또한 중요하다. 아울러 사람들의 행동에 항상 '왜?'라고 물음을 가질 수 있는 호기심이 있어야 한다. 사람의 마음과 행동에 의문을 던지고 그것을 조사, 실험 등을 통해 논리적으로 밝히는 것이 심리학의 본질이기 때문이다. 상담을 들어주다 보면 내담자의 우울한 이야기에 오히려 자신이 빠져드는 경우가 의외로 많기 때문에 항상 강하고 밝은 마음을 가질 수 있는 것이 중요하다.

심리학은 해외 연구가 활발한 편이므로 다양한 연구결과를 빠르게 접하기 위해서라도 영어 능력이 필요하다. 보통 심리학과는 대학의 인문 사회 계열에 속하기 때문에 문과 계열을 공부하고 가지만 실제 들어가면 산업심리, 교육심리, 상담심리, 재활상담심리, 범죄심리 등 어떤 심리학을 대학원까지 심화해서 가더라도 수학을 만나게 된다.

막상 심리학과에 들어가서 공부를 하던 사람들이 하나같이 입을 모아 말하는 것이 있다. 실제로 많은 학생들이 "심리학에서 수학을 공부할 줄은 몰랐어요"라는 말을 하면서 왜 다른 사람의 마음을 아는데 수학이 필요하냐고 한다. 이유는 심리학에서 기초적인 필수 과목이 바로 통계이기 때문이다. 많은 사람들의 심리를 안다는 것은 한두 명 조사해서 되는 문제가 아니라는 뜻이며, 따라서 인간의 마음과 행동에 대한 과학적인 연구를 수행하는 학문으로 엄연히 〈행동 과학〉으로 분류되고 있다. 따라서 심리학을 전공하고 싶다면 문과에 진학하더라도 수학과 과학 과목을 게을리해서는 안 된다.

현재 우리나라의 대부분의 4년제 종합 대학에는 심리학과가 개설되어 있다. 대학 시절에는 전공 분야를 열심히 공부하는 한편, 다양한 인간 경험을 해 보는 것도 중요하다. 대학을 졸업한 후에는 대학원에 진학하여 석 · 박사 학위 과정을 거치고 세부 전공을 택해서 연구 프로젝트에 참여하거나 연구 보조원(RA)으로 근무해 다양한 연구 경험을 쌓으면 유리하다. 이후 공채나 특채를 통해 공공 기관이나 기업체, 대학 부설 연구소나 정부 출연 연구기관, 관련 민간 연구기관 등으로 진출할 수도 있다. 근무 환경은 개인 연구실이나 분야별 공동 연구실을 이용하므로 대체적으로 쾌적한 편이다. 세미나 참석이나 자료 수집을 위해 해외나 지방으로 출장을 가기도 한다. 인간 문제가 복잡해지고, 사회도 복잡다단해지는 오늘날, 심리학 연구원에 대한 수요가 점점 늘고 있는 추세이므로 직업적 전망은 밝다고 볼 수 있다.

(4) 정신문화 연구원

정신문화 연구원은 한국의 과거와 현재의 상황을 인식하고 미래 한국의 좌표를 설정하기 위해 한국의 문화를 학술적으로 연구하는 사람이다. 고전자료 등 전통문화의 유산을 현대 한국의 사회적 상황과 학문적 관점에서 새로 해석한다. 이때의 고전자료라는 것은 말 그대로 한국학이다. 전통문화로서의 한국교육, 한국사, 한국사회, 한국민속, 한국어문, 한국예술, 한국정치, 한국경제, 한국종교, 한국철학 등을 모두 포함한다. 정신문화 연구원은 이런 한국학 관련 자료를 정리하며 민족의 문화유산을 발굴해 낸다.

한국의 전통 사상을 현대적 시각에서 재조명하여 국민 사상과 가치관을 정립하는 일을 하고, 산업 사회의 발달에 따라 우리가 겪고 있는 가치관의 혼란을 극복하고 도덕성을 회복하기 위하여 전통 사상과 현대 사상을 체계화하는 일도 맡고 있다.

대표적인 단체로는 국학을 깊이 연구하고 한국학을 세계에 널리 알리며, 장서각에 소장하고 있는 방대한 한국학 자료를 전산화하고 다양한 한국학 콘텐츠를 개발하여 양질의 지식 정보를 관심 있는 연구자와 시민들에게 제공하는 일도 하고 있는 한국학중앙연구원(The Academy of Korean Studies)을 들 수 있다.

Interview

한국학중앙연구원

강문종

한국학중앙연구원은 어떤 곳인가요?

한국학중앙연구원은 국가 주도로 만들어진 국책 연구기관이에요. 교육부 산하 재단 법인으로 원래 〈한국정신문화연구원〉이란 이름으로 출발했지요. 이후 한국학중앙연구원으로 이름이 바뀌었는데요. 그럼 한국학이란 무엇이냐. 아직 우리나라 대학교에 한국학과가 없잖아요. 그것은 아직 개별 분과 학문으로 '한국학'이란 것이 정립되지 않았기 때문인데요.

제 생각엔 한국학은 지역학에서 출발한다고 봅니다. 그럼 지역학은 무엇이냐면, 원래 한국학이라는 단어는 해외에서 아시아학 중 동아시아학. 또 그 분과 중 하나인 한국학에서 시작됐습니다. 한국을 벗어난 지역에서 한국 지역을 연구하는 학문이라는 개념의 지역학이 한국학의 출발점이라는 거지요. 그리고 여기에 더해져야 하는 개념이 '국학'입니다. 19세기 말부터 단재 신채호 선생 등 학자들이 제국주의에 대항하여 우리의 정체성을 찾기 위해 다른 나라와는 차별화되는 우리 것을 찾기 시작합니다. 그것을 현상이 아니라 역사에서 찾기 시작하죠. 한국의 역사, 예술사 등을 정리하면서 우리의 정체성, 우리의 역사, 우리의 문화가 어디에 근원을 두고 어떻게 변해왔고 지금은 어떤가를 종합적으로 연구하는 것이 국학의 출발점이었습니다. 지금 현대적 한국학이라고 한다면 지역학 개념 더하기, 국학의

개념을 결합한 것이라고 보면 될 것 같습니다. 한국학중앙연구원은 그 한국학을 연구하고 교육하고 또 다른 기관과 학교에서 한국학을 연구하는 것을 지원하는 기관입니다. 그래서 한국학을 세계화·정보화·대중화시키는 일을 하고 있지요.

강문종 연구원은 어떤 분야의 연구를 하고 있습니까?

저는 고전 문학 중에서 고전 소설을 전공했어요. 이곳에서 박사를 취득했고요. 2007년부터 정규직으로 발령받았습니다. 그러니까 대학에서 국어국문학과를 졸업하고 한국학중앙연구원에 있는 대학원 과정을 거쳐 연구원으로 일하게 된 거죠. 제가 이곳 대학원을 선택한 이유는 두 가지가 있는데요. 첫 번째는 경제적 이유였습니다. 제가 다닐 당시에는 이곳 대학원 과정이 전액 국가 지원이었어요. 2001년부터는 수업료가 생겼는데 그래도 일반 국립대와 비교하면 1/3 수준일 거예요. 경제적 이유도 있지만 또 하나의 큰 이유가 바로 '장서각' 때문인데요. 장서각은 우리나라의 옛 문헌들을 보관하고 있는 도서관입니다. 제가 전공하는 분야가 고전 소설인데요. 사람들에게 잘 알려진 홍길동전, 춘향전 이런 책뿐 아니라 '하진양문록' 등 훌륭한 장편 소설 자료들이 나 장서각에 소장되어

> 지금 여러분은 **무언가가 될 수 있는 바탕을 만드는 시기**입니다. 포기하지 마세요.

있어요. 그래서 한국학중앙연구원의 대학원에 진학했고, 박사 학위까지 따서 지금까지 연구원으로 일하고 있습니다. 대학원 시절부터 17년을 이곳으로 출퇴근하고 있네요.

Q 오랫동안 공부를 해 오고 계시네요. 공부가 즐거우신가요?

연구원이라는 직업 자체가 공부를 즐기는 사람이 하는 직업이죠. 인문학이라고 해서 독서랑 토론만 하는 건 아니고요. 일정 정도 자기 성과를 내야 하는데, 어떤 방식이냐면, 문헌을 분석하는 거예요. 고전을 분석하는 일이라서 시간도 오래 걸리고, 이공계처럼 다량으로 나오진 않아요. 그런데 그 작업이 즐거워요. 기존의 지식을 내 논리로 재구성해서 논문이나 책으로 재생산하는 것이 즐겁고 재미있는 사람들이 이 일을 하는 거죠. 저도 그 작업이 재미있고 즐겁습니다.

Q 가장 재미있었고 기억에 남는 연구는 어떤 건가요?

제가 한 연구에 다 애착을 갖고 있습니다. 최근에 재미있게 작업했던 것은 〈전통 시대의 동성애〉에 관한 연구입니다. 한국사회에서 거의 연구가 안 됐어요. 지금 후속 연구를 준비하고 있는데요. 고려 시대, 조선 시대에도 동성애가 있었고, 이를 지칭하는 용어도 아주 다양합니다. 가장 많이 썼던 용어는 '대식(對食)'인데요. 마주앉을 대, 밥을 먹다 식. 즉 궁중에서 '무릎을 맞대고 식사를 할 만큼 친밀한 사이'를 말하는 거죠. 그 외에도 남총, 남통, 풍남, 밴대질, 비역질 등 용어가 많습니다. 아직 더 연구되어야 하는 분야입니다.

Q 우리가 잘 모르는 우리 문화, 역사가 많군요?

엄청나게 많지요. 우리나라에 미국 중심의 교육이 들어와 서양 중심으로 지식이 정립되면서 학교에서 배우는 것은 교과서를 제외하고는 전부다 외국의 지식들로 포진됐습니다. 미술을 해도 서양 미술을 배우지 우리 미술을 배우진 않죠. 음악도 그렇고요. 서구의 콘텐츠가 이미 우리의 세포가 되어 버린 거예요. 그러니까 전통 시대에 관련된 것은 모른다고 생각하고 관심이 점점 없어지지요. 헤겔이나 니체를 인용하면 굉장히 친근하게 여겨져요. 하지만 동시대인 19세기에 우리나라에는 다산 정약용 선생이 있었거든요. 근데 다산 정약용 하면 오래된 사람, 그냥 우리의 조상이라고 생각해요. 마르크스도 100년 넘은 인물인데 훨씬 더 친숙하게 느끼지요. 모든 지적·문화적 배경이 서양 쪽에 젖어 있기 때문에 우리의 전통과 문화, 역사에 접근을 안 하려고 하고, 그러다 보니 시장성이 없고, 남겨진 자료에 대한 번역도 안 되고 있는 상황입니다. 옛 문헌이나 책 등 자료는 많은데, 그게 아직 번역도 안 되고 그 안에 무슨 내용이 있는지 모르는 것이 너무나도 많은 거예요. 지금 한국고전번역원, 국사편찬위원회 인터넷 사이트에 가 보시면 수많은 번역 자료들이 올라와 있는 것을 확인하실 수 있을 겁니다. 하지만 아직 번역되지 못한 것이 어마어마하게 많이 남

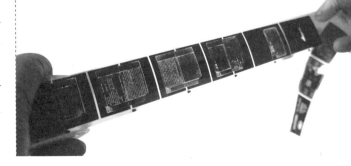

아 있어요. 조선왕조실록이 뒤늦게 번역되면서 수많은 콘텐츠들이 나오기 시작했었죠. 사극도 그를 통해 많이 만들어졌고요. 우리가 대장금을 어떻게 알았겠어요. 다모를 어떻게 알았겠어요. 그렇게 문헌을 통해 우리의 문화와 역사를 새롭게 인지하고 재창조하는 것이 한국고전번역원, 한국학중앙연구원 등 우리 기관이 하는 일입니다.

Q 관심 있는 분야를 잘 찾아서 행복하게 사시는 거 같아요.

네, 그렇다고 할 수 있습니다. 제가 학생들에게 강연할 때 종종 하는 말이 있는데요. "인생의 목표를 행복 추구에 두는 것은 진리다. 그런데 행복으로 가는 길은 두 가지가 있다. 하나는 편안하게 가는 길로, 예를 들면 공무원 같은 안정된 일을 찾는 것이다. 또 하나는 가치 있게 가는 길인데, 둘 다 훌륭하다. 그런데 가치 있는 삶을 살려면 공부를 하는 것이 좋다." 이런 말을 합니다. 그런데 이 가치 있는 공부에는 반드시 충돌이 불가피해요. 기준 질서, 관념, 철학, 기준, 도덕에 충돌하지 않으면 새로운 가치를 얻기 힘들어요. 충돌이 많으면 힘들 수밖에 없겠죠? 저는 연구란 것은 기존의 지식을 가져와서 재구조화하고 새로운 지식으로 만들어 내는 것이라고 생각하는데요. 기존의 지식을 비판하고 새로운 의견을 내는데 기존의 기득권자들이 좋아하겠어요? 그러니까 충돌이 생기는 거죠. 하지만 인류가 한 발짝 더 나아가기 위해서 충돌은 불가피합니다. 그 충돌의 충격을 온몸으로 받으면서 온몸으로 진격하는 삶이 힘들고 피곤하지만, 그 가치는 대단하다고 볼 수 있는 거죠.

Q 인문학 연구원으로 사는 것의 가치와 자부심에 대해서 얘기해 주셨는데요, 비슷한 얘기이긴 하지만, 이 직업의 장단점을 다시 정리해 주신다면요?

단점은 매너리즘에 빠지기 쉬워요. 자기 세계에 빠지기 쉽거든요. 정적인 일이잖아요. 드라마틱하지도 않고, 그래서 정적인 데서 오는 스트레스? 그런 것이

있고요. 또 한 가지는 이 직업을 갖기 위한 기간이 너무 길다는 거예요. 인문학 연구원, 그러니까 본인 스스로 지식을 재생산하는 능력을 갖추려면 대학원 석사부터 시작해서 10년은 걸린다고 봐야 합니다. 나이로 따지면 마흔은 되어야 한다는 거죠. 인문 사회 과학 쪽 연구직을 생각하는 사람이라면 반드시 알아야 하는 문제입니다.

"이것은 정말 지난한 작업이다. 한눈팔지 않고 먼 길을 오래가야 하는 작업이다. 그래야 어느 '하나'를, 다가 아니라 '하나'를 얻을 수 있는 작업이다."

제가 왜 '하나'라는 표현을 쓰냐 하면요. 우리 연구자들은 사실 굉장히 드라마틱하다고 생각해요. 모르는 단어 하나를 찾아냈다든지, 새로운 옛 문헌 하나를 찾아내면 엄청난 흥분을 느낍니다. 그런데 일반인들이 보기에는 그래서 뭐 어쨌다고? 이렇게 느끼죠. 화성인을 만난 것도 아니고, 혼자 가는 자동차를 만든 것도 아니고 그냥 '200년 전 종이 쪼가리 하나' 발견한 거니까 그다지 궁금하지 않은 거예요. 이렇게 흥미를 느끼는 부분이 크게 차이 나기 때문에 인문학 연구자들과 일반인이 교감할 수 있는 채널이 굉장히 좁다는 게 또 하나의 단점입니다. 하지만 이것은 곧 장점이 될 수도 있습니다. 연구를 하고 저서와 논문을 내면 내 지식으로 쌓이거든요. 저작권이 저한

테 있는 거예요. 지식을 재산으로 가질 수 있다는 건 굉장한 겁니다. 어렵다 보니까 남들이 잘 하지 않는 분야이고 그만큼 잘난 척할 수 있어요. 10년 공부해서 10년 동안 강의할 수 있잖아요. 자기의 가치를 극대화할 수 있는 직업이라고 생각해요.

Q 그렇게 지식을 계속 쌓을 수 있으니까 은퇴가 없다고도 할 수 있을까요?

은퇴가 없다고도 할 수 있죠. 하지만 일을 할 수는 있지만, 그것이 꼭 경제적 부가가치를 만

150

들어 내지는 않아요. 즉 돈으로 연결된다는 보장은 없다는 거죠. 65세 정년 이후 연구소를 떠난 다음에 생산해 내는 지식은 직장 다닐 때 받는 연봉에 비해 많이 줄어듭니다. 사회적으로 인정은 받지만, 아이러니하게도 나이가 들수록 경제적 부가가치는 마이너스예요. 그래도 활동을 계속 넓힐 수 있다는 것은 굉장한 장점이긴 하지요. 이 부분에서 또 꼭 짚어야 할 이야기가 있는데요. 연구를 오랫동안 해 온 어르신 중에 지식을 고착화해 버리는 경우가 가끔 있어요. 내가 생각하는 것이 맞다고 굳혀 버리는 거죠. 연구직의 가장 큰 단점이 그거예요. 매너리즘, 자기중심에 빠져 버리는 거지요. 이건 돈을 번다 못 번다 이 정도 문제가 아니라 연구원으로서의 존재의 문제입니다. 이것을 극복할 수 있는 방법은 '소통'입니다. 21세기에 들어오면서 붐이 일어난 것이 '융합'이잖아요. 학제 간의 연구, 물리학과 국문학, 생명공학과 국문학이 같이 연구하라 이거죠. 타 학문의 시각으로 나를 보아야 내가 보인다. 섬을 떠나야 섬이 보이기 때문에 융합 연구를 많이 해야 하는 거예요. 인문학도 이제 융합 연구를 많이 하고 있어요. 제 생각엔 그것이 매너리즘에 빠지는 것을 방지할 수 있는 유일한 방법이라고 생각합니다. 요즘 한국사를 가장 잘 가르치는 사람이 누굴까요? 설민석 씨

예요. 귀에 쏙쏙 들어와요. 만약 설민석 씨가 한국사를 전공했다면 그렇게 못했을 수도 있어요. 그 안에 매몰되거든요. 외부의 시각으로 한국사를 보기 때문에 대상화시킬 수 있었고 그것이 장점이 된 겁니다. 연구원들이 10년 넘도록 매일 공부해서 논문 백 편 쓰면 뭐합니까? 사회와 소통하고 그들의 삶에 도움이 되어야 기여가 되는 거지. 혼자서 어마어마한 진리를 깨우쳤다 한들 무슨 의미가 있어요? 국민들과 사회와 소통이 되고 긍정적 시너지를 만들어 내는 것이 의미가 있는데 과연 우리 연구원들이 그 '소통'을 잘하고 있는가, 한번 생각해 봐야 할 문제입니다.

박사님의 향후 계획은 어떻습니까?

제 가장 큰 역할은 연구와 강의예요. 그 연구와 강의가 자기만의 연구가 되지 않도록 하는 것이 제 꿈입니다. 너무 뻥뻥하긴 하지만 그게 꿈인데요. 누군가가 "당신의 전성기는 언제입니까?"라고 질문한다면 보통 "지금이다"라고 말하잖아요?

저는 "제 전성기는 55세가 될 것입니다. 그때를 준비하고 있습니다."라고 말할 겁니다. 55세에 저는 문화를 연구하는 아이콘으로 고전 서사를 활용하는 인문학

자, 그래서 한국 서사 문학에 대한 연구를 대중화시키기는 전문가가 되려고 노력할 겁니다. 뭐, 물론 안 될 수도 있지만 지식을 재생산하는 데 만족하는 게 아니라 그 지식을 주변과 나누고 소통하는 사람이 되고 싶습니다.

Q 청소년들에게 해 주고 싶은 말씀이 있다면요?

앞서 얘기했다시피 먼저 소통과 공감의 능력을 키우라고 말하고 싶어요. 두 번째는 창의력을 키워야 해요. 기존과 같은 색깔로 보면 새로움이 나타나지 않습니다. 다들 검정색이라 해도 그 속에서 미세한 흰색을 볼 줄 알아야 해요. 지금 청소년들에겐 사실 이것이 더 힘듭니다. 왜냐하면 입시를 위해 꽉 짜인 교과 과정 속에서 놓여 있기 때문이죠. 이 속에서는 창의성이 나오기 힘듭니다.

그래서 인문 사회 과학 분야의 연구 전문직으로 성장하고 싶다면 지금 당장 "나는 한국사를 전공해서 인문학자가 될 거야."라는 목표를 세울 게 아니라 창의력을 키우는 노력을 하라고 충고하고 싶어요. 그러기 위해서는 첫 번째, 답사를 많이 다녀라. 현장을 많이 경험하라. 예를 들면 촛불시위는 어떻게 이루어지고 있는지 직접 가서 보라는 거죠.

그리고 두 빈째는 독서를 많이 해라. 이거는 불변의 진리인데요. 사실 독서는 지루하잖아요. 그러니까 독서를 취미로 갖고 있지 않은 친구들은 일단 전문가의 지도를 받으세요. 쉬운 것부터 읽어도 괜찮습니다. 만화도 좋아요. 일본 독서 문화의 기초가 애니메이션이라고 하잖아요. 애니메이션은 이미지가 들어있어 통합적 사고를 할 수 있기 때문에 더 좋을 수도 있습니다. 또 예술을 해라. 미술이나 음악 중 하나는 반드시 하라고 권하고 싶고요. 또 토론을 많이 해라. 상대방을 설득하는 방법, 내 논리를 방어하는 방법. 이런 것들을 충분히 연습하면 훗날 굉장히 도움이 될 겁니다. 그리고 인문 사회 과학을 연구하려면 두 가지 언어가 필요해요. 그것은 영어와 한문입니다. 특히 전통 사회를 연구하고 싶다면 한문은 필수적입니다. 그리고 인문 사회 과학의 보편적 지식을 얻으려면 영어가 필요합니다. 이런 기본이 되는 능력을 길러 두고 구체적 꿈은 대학에 가서 가져도 됩니다. 내가 국문학과에 입학했다고 해서 꼭 국문학자가 될 필요는 없거든요. 지금 한국학중앙연구원만 봐도 전공 분야가 아주 다양합니다. 불어불문학과, 생물학과 등 다양합니다. 그건 뭐냐면 내가 주체적 판단을 할 수 있는 나이가 된 후에는 과감한 결정이 가능하다는 이야기거든요. 그런데 입시를 무시할 수는 없습니다. 제도권 교육을 포기하면 굉장히 험난한 길을 가야 하기 때문에, 일단 입시를 준비해야 하는 현실 문제에 충실하면서 창의력을 키울 수 있는 자질을 꾸준히 가지면 됩니다.

혹시 지금 성적이 너무 나쁘더라도 포기하지 마세요. 저도 연구직치고는 입시 성적이 좋은 편이 아니라 지방 공립대를 들어갔지만, 대학 다니면서 제가 하고 싶은 일을 찾아 지금까지 공부하고 있거든요. 그러니까 내신이 몇 점이다, 이 정도면 내가 갈 수 있는 대학은 여기까지다, 이런 틀에 갇히진 않았으면 좋겠어요. 그리고 꿈이 너무 구체적일 필요도 없어요. 딱 하나의 진로 방향을 갖고 그것만을 향해 가는 것은 오히려 가능성의 폭을 좁히는 결과를 가져올 수 있다고 생각해요. 청소년기에 창의력을 길러 두는 것은 곧 '문화 자본'을 만드는 것입니다. 문화 자본은 언제나 사회적 지위와 화폐로 전환이 가능한 거예요. 예를 들면 그룹 '부활'의 리더 김태원 씨가 가지고 있는 음악에 대한 감성, 작곡하는 능력, 이런 것이 문화 자본이거든요. 언젠가는 본인이 가진 문화 자본을 화폐 가치로 전환할 수 있다는 것이죠. 지금 여러분은 무언가가 될 수 있는 바탕을 만드는 시기입니다. 포기하지 마세요.

1. 로봇공학

• 한국로봇산업협회   http://www.korearobot.or.kr

한국로봇산업협회는 1999년 설립한 로보틱스연구조합과 2003년도 설립한 한국지능형로봇산업협회가 2008년 통합 조직으로 탄생한 이래 우리나라 로봇 산업 발전을 이끄는 로봇인의 동반자로서 역할을 수행하고 있다. 회원사를 위해 R&D 사업, 인력 양성 사업, 디자인 개발 사업, 로보월드 및 국제 협력 사업, 표준 및 조사 통계 사업 등 다양한 사업을 수행하고 있다.

2. 천문학

• 한국천문학회   http://www.kas.org

한국천문학회는 1965년 3월 21일 춘분날에 창립되었다. 창립 이래로 매년 봄과 가을에 학술 대회를 꾸준히 개최해 오면서 국내외 천문학자들의 연구업적이 활발히 교류되는, 한국 천문학의 중심 무대가 되어 왔다. 대외적으로는 1973년에 국제천문연맹(IAU)에 정식 회원국으로 가입하였으며, 1996년 여름에는 IAU 아시아 · 태평양 지역 학술 대회를 개최하는 등 한국 천문학의 위상을 높여 왔다. 2012년에는 국제천문올림피아드 개최 기념 한국우주과학회 한국천문학회 공동학술대회를 개최하였다. 2015년 IAUGA 호놀룰루 총회에서 IAUGA 2021 부산 BEXCO 행사를 유치하였다.

• 한국천문연구원   http://www.kasi.re.kr

한국천문연구원은 1974년 설립 이래 중 · 대형 관측 장비의 구축과 운영을 통해 국가 천문 연구를 수행하고 과학 발전의 토대를 마련하며 세계 최고 수준의 천문 우주 연구기관으로 도약하기 위해 창의적이고 도전적인 연구를 수행하고 있다.

기본적으로 천문학과 우주 과학에 대한 연구 및 사업은 물론 대형 관측 시설의 운영 및 기기 개발, 우주 환경 감시 기술 개발 사업, 표준시의 관리 등 국가 천문 업무의 수행, 대 국민 천문 지식 및 정보 보급 사업 등을 수행하고 있다.

3. 항공우주공학

• 한국항공우주연구원   http://www.kari.re.kr

항공우주 과학 기술 영역의 새로운 탐구, 기술 선도, 개발 및 보급을 통하여 국민 경제의 건전한 발전과 국민 생활의 향상에 기여할 목적으로 설립되었다. 항공기 · 인공위성 · 우주 발사체의 종합 시스템 및 핵심기술 연구 개발, 국가 항공 우주 개발 정책 수립 지원, 항공우주 기술 정보의 유통 및 보급 · 확산, 시험평가 시설의 산 · 학 · 연 공동 활용, 중소 · 중견 기업 등 관련 산업계 협력 · 지원 및 기술 사업화, 정부, 민간, 법인, 단체 등과 연구 개발 협력 및 기술 용역 수탁 · 위탁, 주요 임무 분야의 전문 인력양성을 목표로 하고 있다.

• 한국항공우주학회   http://www.ksas.or.kr

1967년 설립된 이 학회는 사회 일반의 이익에 공여하기 위하여 공익 법인의 설립 · 운영에 관한 법률의 규정에 따라 항공우주에 관한 학문의 발전 및 기술의 향상을 도모하여 국가 산업 발전에 기여함을 목적으로 하고 있다. 주요 사업은 항공우주 관련 학술 자료의 조사, 수집 및 연구, 학술 발표회, 강연회, 강습회의 개최, 항공우주 관련 논문집 및 전문 도서의 간행, 항공 우주 산업 육성에 관한 자문 및 건의 등이다.

4. 물리학

• 한국물리학회   http://www.kps.or.kr

한국물리학회는 한국전쟁 중인 1952년에 창립되어 60년이 넘는 오랜 역사를 가지고 있다. 물리학의 응용 보급에 이바지하기 위하여 노력하여 왔고 그 결과 꾸준한 성장을 지속하여 현재 11개의 분과와 7개의 지부, 18,000여 명의 회원을 가진 국내 정상의 학회로 자리 잡게 되었다. 한국물리학회는 국제교류를 추진하여 일본물리학회, 미국물리학회를 포함하여 7개국의 물리학회와 교류 협정을 체결하였고 물리학 관련 국제기구인 IUPAP, AAPPS, APCTP 등에 가입하여 활동하고 있다.

• 한국표준과학연구원　　　http://www.kriss.re.kr
측정과 단위 그리고 표준은 우리가 숨 쉬는 공기처럼 평소엔 의식하지 못해도 우리 생활 깊숙이 자리 잡고 있다. 한국표준과학연구원(KRISS, Korea Research Institute of Standards and Science)은 1975년 설립 이래 국가 측정 표준 대표 기관으로서 국가 과학 기술발전의 토대를 제공하였으며 중화학 공업, 반도체, 조선, 항공, 자동차 등 우리나라의 주력 산업 제품의 품질을 국제적 수준으로 향상시키는 데 중추적인 역할을 수행했다. 그리고 교정 시험 서비스의 제공, 중소기업에 대한 기술 지원을 통하여 우리나라 산업의 국가측정 표준 품질을 선진국 수준으로 높이는 데 기여하였다.

5. 수학

• 대한수학회　　　http://www.kms.or.kr
1946년 10월 수학의 연구와 교육을 통하여 수학 발전과 그 보급을 도모하고 학술 문화 발전에 기여하기 위해 설립하였다. 1964년부터 학술지 ≪대한수학회지≫와 ≪대한수학회보≫를 발간하고 있다. 한편 1981년 국제수학연합(International Mathematical Union)의 회원국으로 가입하였다. 대학생 수학 경시 대회, 수학 영재의 조기 발굴과 육성, 국제 수학 올림피아드 대표 선발을 위한 한국 수학 올림피아드 개최 및 수학 올림피아드 여름학교와 겨울학교의 운영 등을 주관하고 있다.

6. 생물학

• 한국생명공학연구원　　　www.kribb.re.kr
생명 현상에 관한 기초 연구와 바이오 신소재 등 첨단 생명 공학 연구를 수행하는 정부 출연 연구기관인 한국생명공학연구원(Korea Research Institute of Bioscience and Biotechnology)은 1985년에 설립되었다. 바이오융합, 바이오신약, 바이오소재, 바이오정보 등 생명 과학 기술 분야의 연구 개발 및 이를 지원하는 연구 사업을 수행하고, 국내외 산학연과의 협력 및 그 성과를 보급하는 데 목적이 있다.

7. 화학

• 대한화학회　　　http://www.kcsnet.or.kr
대한화학회는 1946년 7월 7일 설립된 비영리 학술 단체로서 화학 분야의 학술과 기술발전, 교육, 및 화학 지식의 확산에 기여함을 목적으로 하고 있다. 현재 7,000여 명의 회원이 대학, 연구소, 산업체, 초·중·고등학교 등에서 활동하고 있으며, 140여 개 단체 및 30여 개의 특별회원사가 침여하고 있다. '대한화학회지', 'Bulletin of the Korean Chemical Society' (영문, 월간, 1981년 SCI 등재) 등을 발간하고 있으며, 소식지인 〈화학세계(월간)〉를 발행하고 있다.

8. 해양학

• 국립해양조사원　　　http://www.khoa.go.kr
국립해양조사원(Korea Hydrographic and Oceanographic Administration)은 바다에 대한 연구 조사와 항해 안전, 해양 개발을 위해 설립된 국가 종합 해양 조사 기관이다. 해도나 수로서 같은 해양 지도를 제작하고 보급해 항해 안전을 도모하는 것이 기본 임무이며, 주요 업무로 해상 교통 안전, 해양 재해 예방, 해양 영토 수호, 해양 과학 기술 개발 등 8대 전략 분야에서 20개 추진 과제, 45개 세부 사업을 추진하고 있다. 연구실과 연구선을 활용해 해도와 전자해도를 제작하고 국가해양기본도와 영해기점을 조사한다.

• 한국해양과학기술원　　　http://www.kordi.re.kr
한국해양과학기술원(Korea Ocean Research Development Institute)은 우리나라의 해양 과학 기술 개발을 선도하는 종합 해양 연구기관이다. 우리나라를 해양 강국으로 만들기 위한 목적으로 1973년 한국과학기술연구원

(KIST) 부설 해양개발연구소로 설립됐다. 주요 연구 분야로는 환경 보전, 미래 자원, 지구 환경, 해양 공간이 있으며 최근 대형 연구선과 해외 연구소를 확보하며 세계 수준의 해양 과학 기술 전문 연구기관으로 도약하고 있다. 주요 연구 분야 중 환경 보전 분야에서는 인공 갯벌과 대체 습지를 조성하는 등 우리나라 연안 환경을 보존·복원·관리하는 데 앞장서고 있으며 해양 폐기물을 수거하고 이를 처리하는 기술을 개발하는 등 오염 물질의 연안 환경에 대한 영향을 분석하는 연구를 수행하고 있다. 해양 공간 분야에서는 심해 6000m 깊이를 탐사할 수 있는 무인 잠수정과 물 위를 나는 배인 '위그선'을 만들었고 최근에는 해상 활주로나 해상 리조트로 활용할 수 있는 '메가플로트' 기술을 개발 중이다.

· 국립수산과학원　　　http://www.nifs.go.kr
국립수산과학원(National Fisheries Research and Development Institute)은 1921년 5월 수산시험장으로 출발하여, 1963년 12월 국립수산진흥원으로 개칭하였다. 이후 2002년 3월 국립수산과학원으로 개칭하였다. 수산 자원의 관리·조성 및 공학 기술에 관한 연구 개발, 유용 수산생물의 양식 및 생명 공학 기술에 관한 연구 개발, 수산물의 위생 안전 및 이용에 관한 연구 개발, 어장 환경의 변동 조사 및 보전에 관한 연구 개발, 연구 개발한 수산 기술의 지도 및 보급 등의 역할을 한다.

9. 식품공학
· 식품의약품안전처　　　www.mfds.go.kr
식품의약품안전처(Ministry of Food and Drug Safety)은 총리실 산하의 중앙 행정 기관으로 식품·농·축·수산물·의약품·바이오의약품·한약·의료기기·화장품·의약외품·마약 등의 안전 관리에 관한 사무를 관장하고 있다. 흔히 약어로 MFDS, 식약처라고 부르며, 1996년 보건복지부 소속 '식품의약품안전본부'로 출발해서 1998년 2월 식품의약품안전청으로 개칭하였다. 소관 주요 법령은 식품안전기본법, 식품위생법, 건강기능식품에 관한 법률, 어린이 식생활안전관리 특별법, 축산물 위생관리법, 농수산물 품질관리법, 약사법, 인체조직안전 및 관리 등에 관한 법률, 마약류관리에 관한 법률, 화장품법, 의료기기법, 실험동물에 관한 법률, 식품의약품 분야의 시험검사 등에 관한 법률 등 13개를 담당하고 있다.

· 한국식품연구원　　　www.kfri.re.kr
한국식품연구원은 식품 분야의 산업 원천 기술 개발 및 기술 지원, 연구 개발의 공익 기능 강화 등을 통해 국민의 식생활과 삶의 질 향상, 식품 산업 및 농림수산업의 경쟁력 강화에 기여할 목적으로 1987년 농림수산부 산하 한국식품개발연구원으로 설립되었다. 이후 2004년 한국식품연구원으로 이름이 바뀌었다. 주요 업무는 첫째, 식품 기능성 규명, 신소재·신공정 연구 개발, 둘째, 식품 저장·유통·안전성 기술 연구 개발, 셋째, 전통 식품의 세계화 연구 개발, 넷째, 식품분석, 정보, 표준화 및 기반조성 연구 개발, 다섯째, 기술 정책 수립의 지원, 기술 지원, 시험평가 인증, 인력양성, 기술 사업화 등 정부·민간·법인 단체 등이 위탁하는 사업 수행, 여섯째, 연구원의 임무 달성을 위해 필요한 사업 수행 등이다. 그 밖에 공공 지원 사업으로 식품 표준화 사업, 식품분석 및 검사, 관능검사, 지적재산권 진단 평가, 위해 요소 중점 관리 기준(HACCP, Hazard Analysis Critical Control Point) 및 위생 교육, 농산물유통기술경영관리사 과정 운영, 기술 품질 인증 제도 등을 추진한다.

10. 경제학
· 한국경제연구원　　　http://www.keri.org
한국경제연구원은 대한민국의 민간 경제 연구소로서 1981년 정식 설립되었으며, 대한민국의 경제와 기업을 연구한다. 또한, 경제 및 산업 동향에 대한 정보 수집 및 분석 업무를 하고 있다. 산하 경제연구본부는 국제 경제, 거시 경제, 금융, 조세, 재정 분야 이슈를 다루고 있다. 전경련 회원사 420여 개 중 약 130여 개의 회사를 회원으로 하는 비영리 사단법인이며, 회원사들이 내는 회비를 기본 운영 자금으로 삼아 운영된다.

・**한국농촌경제연구원**　　　http://www.krei.re.kr
한국농촌경제연구원(Korea Rural Economic Institute)은
농림 경제 및 농어촌 사회 발전에 관한 종합적인 조사 연구
를 수행함으로써 국민 경제 발전과 국민 복지 증진에 이바
지하기 위하여 설립된 정부 출연 연구기관이다. 1978년 한
국농촌경제연구원육성법에 의해 설립됐다. 주요 업무로는
중장기 및 단기 농림 경제 계획 및 정책 수단에 관한 조사
연구, 농림 부문의 단기 정책에 관한 조사 연구, 농식품 정
책에 관한 조사 연구, 농어촌 주민의 복지 증진 및 농어촌
사회 문제에 관한 조사 연구, 국제 농업 협력에 관한 연구,
농업 관측을 통한 품목별 수급 동향 및 중장기 전망 연구,
농림업 정책의 국민 이해 증진을 위한 조사 연구 및 대국민
여론 조사와 홍보 등이 있다.

11. 인문학

・**한국학중앙연구원**　　　www.aks.ac.kr
한국학중앙연구원(The Academy of Korean Studies)은
한국 문화의 본질을 연구하여 새로운 창조의 기반으로 삼고
주체적 역사관과 건전한 가치관을 세우며, 미래 한국의 좌
표와 그 기본 원리를 탐구하여 국민 정신 교육을 체계적으
로 계발 · 진흥하고, 민족 문화를 창달하기 위해 1978년 설
립되었다. 주요 업무는 국학을 깊이 연구하고 한국학을 세
계에 널리 알리는 것이다. 또 장서각에 소장하고 있는 방대
한 한국학 자료를 전산화하고 다양한 한국학 콘텐츠를 개발
하여 양질의 지식 정보를 관심 있는 연구자와 시민들에게
제공하는 일도 한다. 대표적으로 1992년 《한국민족문화대
백과사전》을 발간하였다. 도서관에는 한국학 및 관련 분야
자료 30만여 권을 소장되어 있으며, 연구원의 연구 성과를
책으로 출판하는 업무도 담당하고 있다.

・**한국역사정보통합시스템**　　　www.koreanhistory.or.kr
한국의 역사 자료를 체계적이고 종합적으로 전산화하여 사
용자들에게 제공하고 있다. 다양한 역사 관련 전문 기관이
전문 센터로서 참여하여 역사 자료 데이터베이스를 구축하
고 있으며, 고도서, 고문서, 도서, 연구 자료, 인물, 지도 연
표, 사전, 멀티미디어 자료, 유물 유적, 금석문 등을 찾아볼
수 있다.

・**역사문제연구소**　　　www.kistory.or.kr
우리 역사의 여러 문제를 공동 연구하고 그 성과를 일반에
보급함으로써 역사 발전의 올바른 방향을 제시하고, 이를
통하여 사회의 민주화와 통일에 기여하는 것을 기본 목적으
로 하고 있다.

・**한국심리학회**　　　http://www.koreanpsychology.or.kr
과학으로서 심리학의 발전 및 회원 간의 친목을 도모하기
위한 목적으로 1946년 설립되었다. 심리와 사회 각 분야
의 문제와 현상을 탐구하는 한국심리학회는 국내 심리학계
의 대표적인 학회라 할 수 있다. 매년 동계 심포지엄을 개최
하고, 매월 학술 발표회를 하고, 연 4차례 학술 대회를 개최
하여 학문적 수준을 높이고 있으며 정기 간행물도 발행하
고 있다. 2016년 현재 약 6,000여 명의 회원이 사회 각층
의 다양한 영역에서 왕성하게 활동하고 있으며, 학회 산하
에 13개의 지회 및 17개의 연구회를 두어 회원들의 전문성
을 제고하는 데 주력하여 급변하는 시대적 요구에 부응하고
있다. 임상, 상담, 산업 및 조직, 사회 및 성격, 발달, 인지 및
생물, 문화 및 사회 문제, 건강, 여성, 소비자 광고, 학교, 법,
심리 측정 등의 산하 학회를 두고 있다.

1. 로봇공학

액추에이터: 입력된 신호에 대응하여 작동을 수행하는 장치이다.

조인트: 기계에서 2개의 축의 결합으로, 한쪽 축에서 다른 축으로 회전력을 전달하는 부분이다.

동역학(動力學, dynamics): 물체 사이에 작용하는 힘과 물체의 운동과의 관계를 연구하는 역학의 한 분야이다.

산업용 로봇: 산업체에서 생산 공정의 자동화를 위해 사용하는 로봇의 한 종류로서 사람을 대신하여 작업 현장에서 작업을 수행하는 기계다.

지능형 로봇: 외부 환경을 스스로 탐지하고 판단해 필요한 작업을 자율적으로 실행하는 로봇이다.

센서: 온도, 압력, 습도 등의 물리량을 검출하거나 판별, 계측하는 기능을 갖는 소자를 말한다.

다이캐스팅: 필요한 주조 형상에 완전히 일치하도록 정확하게 기계 가공된 금형에 용해 금속을 주입하여 금형과 똑같은 주물을 얻는 정밀 주조법이다.

역각센서: 힘 혹은 토크를 측정하는 센서로 사람의 촉각 기능을 구현하기 위해 로봇에 사용한다.

인공지능: 인간의 학습, 지각, 추론, 자연 언어의 이해 능력 등을 컴퓨터 프로그램으로 실현한 기술이다.

GPS: 인공위성을 활용해 현 위치를 알 수 있는 시스템이다.

센서 및 액추에이터 기술: 로봇의 기본적인 성능을 향상시킬 수 있는 기반 기술에 해당하는 것이 센서 및 액추에이터 기술이다. 센서 기술로는 카메라를 이용하여 인간의 시각기능을 구현하기 위한 해상도가 높은 이미지 센서의 개발에 대한 연구와 이미지를 고속으로 처리하여 필요한 정보를 얻어내는 프로그램에 해당하는 머신 비전에 대한 연구가 있다. 또한 인간의 촉각에 해당하는 촉각 센서 및 이를 응용한 인공 피부에 대한 연구도 있다. 액추에이터 기술로는 섬세한 작동을 위한 초소형 모터의 개발 및 사람의 근육과 유사하게 동작할 수 있는 인공 근육에 대한 연구도 지능형 로봇의 주요 연구 분야 중 하나이다.

HRI(Human Robot Interaction) 기술: 인간과 로봇이 상호 인지하고 교감할 수 있는 기술로 노인이나 장애인을 돕는 지능형 도우미 로봇과 같은 분야에 필요한 기술이다. 사람의 음성 지시에 따라 물건을 집어오거나 테이블 위에 올려놓을 수 있고, 얼굴 인식 및 동작에 대한 인식을 통하여 사람의 의도를 파악할 수 있으며, 외부 자극에 대하여 감정 표현 등을 할 수 있는 등의 기술에 대한 연구가 진행되고 있다.

조작제어 기술: 로봇이 인간과 같이 물건을 잡고 자유롭게 핸들링할 수 있는 기술이다. 인간의 손과 같이 5개의 손가락 모양으로 구성하여 작동하게 하는 스마트 핸드 기술이 이에 해당한다. 이러한 기술이 구현되기 위해서는 인간의 피부에서 느끼는 촉각과 역각 등을 감지할 수 있는 센서 기술이 필요하며, 손가락의 각 관절 부분을 구성하기 위한 소형의 액추에이터 개발 및 손가락의 각 관절의 협동 작업을 위한 다축 협조 제어 등의 기술들에 대한 연구가 필요하다.

자율이동 기술: 로봇이 자유롭게 이동할 수 있는 기술로서 고정되어 설치되거나, 제한된 영역 내에서만 이동할 수 있는 산업용 로봇과 달리 지능형 로봇에서 필요한 요소 기술 중의 하나이다. 자율이동 방식은 크게는 바퀴형, 4족형, 2족형 등으로 분류된다. 가장 단순한 형태인 바퀴형의 경우에는 평지 위에서 자율 주행을 위한 경로 계획 및 장애물 회피 기술 등에 대한 연구가 상당한 진전을 이루고 있다. 4족형은 자연적인 환경의 임야 또는 산지 등에서 균형을 이루면서 이동할 수 있는 기술에 대한 연구가 주요 연구 분야이다. 2족형은 인간과 같이 보행하는 것을 목표로 건물 내에서와 같이 인공적인 환경에서 인간과 같이 걷는 동작 및 계단을 오르내리는 동작의 구현을 하고 있으며, 속보 정도의 달리기도 구현하고 있다. 이러한 동작들을 안정적으로 구현하는 것이 자율이동 기술의 연구 분야이다.

물체인식 기술: 미리 학습을 한 지식 정보를 바탕으로 물체의 이미지를 보고 물체의 종류, 크기, 방향 등의 정보를 알아내는 기술이다. 물체의 종류가 제한적인 산업 현장에서는 제품의 불량 여부를 검사하는 검사 장비에 실용화되어 사용되고 있다. 그러나 인간과 같이 다양한 물체를 보고 판별하기 위해서는 미리 학습하는 지식 정보의 양도 광범위하기 때문에 어려움이 있다. 또한 물체가 다른 물체에 가려 일부만 보이는 경우에의 판별의 어려움, 비가 오거나 어두울 때처럼 주변 환경의 변화에 따른 영향 등은 물체 인식에 어려운 장애 요인들로 작용한다. 인간과 같이 물체인식 기술을 하기 위한 학습 시스템 및 인공지능에 대한 연구가 물체인식 기술의 주요 연구 분야이다.

위치인식 기술: 로봇이 자체적으로 공간 지각 능력을 가질 수 있도록 하는 기술로 로봇의 자율 주행에 있어서 중요한 요소 기술 중의 하나이다. 실내에서 바닥과 벽 및 경로상의 장애물 등을 구분하여 주행할 수 있는 경로를 파악하고, 학습을 통하여 위치를 인식하는 기술 및 인공적으로 마킹된 마크를 이용하여 위치를 인식하는 기술을 사용하기도 한다. 카메라를 사용하면서 동시에 GPS를 사용하여 로봇의 위치를 판별하는 다양한 센서의 융합에 따라 위치를 인식하는 기술 등도 위치인식 기술의 연구 분야 중 하나이다.

2. 천문학

거리지수(距離指數): 겉보기 등급과 절대 등급의 차이이다.

표준 촉광(標準燭光): 밝기(절대 등급)가 일정하여 거리를 측정하는 기준으로 사용되는 천체이다.

- **성단(星團):** 수천에서 수만 개의 별들로 이루어진 산개성단과 수만에서 수백만 개의 별들로 이루어진 구상성단이 있다.

- **우리은하(銀河系):** 우리 태양계를 포함하여 천억 개의 별들이 속해 있는 나선은하이다.

- **성간물질(星間物質):** 은하를 이루고 있는 별들 사이의 공간을 채우고 있는 기체와 먼지로 이루어져 있다.

- **외부은하(外部銀河):** 우리은하 밖의 우주 공간에 있는 별들의 집단으로 나선은하, 타원은하, 불규칙 은하, 왜소은하 등이 있다.

- **적색이동(적색편이):** 먼 은하에서 방출된 분광선의 파장이 길어진 정도를 관측된 파장과 정지 파장의 비율로 나타낸 것이다. 적색이동(z)는 1 + z = λ관측/λ정지로 정의된다.

- **허블 법칙(−法則):** 거리가 먼 은하일수록 적색이동(또는 후퇴속도)이 더 크다는 관측 사실로 우주의 팽창을 의미한다.

- **은하단(銀河團):** 수천 개의 은하로 이루어진 집단이다.

- **암흑물질(暗黑物質):** 빛과 같은 전자기파를 방출하지 않지만 중력 상호 작용을 하는 물질로 우주 구성 물질의 20% 정도를 차지한다.

- **암흑 에너지(暗黑−):** 우주 공간을 균일하게 채우고 있는 에너지로 척력을 작용하여 우주의 팽창을 가속시키는 특성을 가지고 있다.

3. 항공우주공학

- **모노코크(monocoque):** 독립된 골조에 엔진, 변속기 등을 조립한 후 별도의 차체를 만들어 제작하는 방식과 달리 가볍고 견고하게 만들어진 상자형 틀에 엔진, 변속기 등 구성품을 조립하는 제조 방식을 의미한다. 항공기의 경우 모노코크는 골조에 금속 또는 직물 외피를 붙이는 것과 달리 금속 외피가 응력을 견딜 수 있도록 섀시와 외피가 일체형으로 된 단일 외형 구조물을 의미한다.

- **공력:** 공기 중의 물체가 받는 공기 역학적인 힘으로 양력과 항력을 의미한다.

- **조종면:** 항공기의 자세를 바꾸기 위해 사용하는 보조 날개들을 의미하며 에일러론, 플랩, 수평타, 수직타, 방향타 등이 해당한다.

- **비압축성 유체:** 공기나 물과 같은 유체에 압력을 가할 때 압축되어 부피가 줄어드는 정도를 압축성(compressibility)이라 하며 압축되어 부피가 줄어드는 정도가 작은 유체를 비압축성 유체라 한다.

- **추력(thrust):** 로켓이나 우주 비행체를 추진하는 힘으로 로켓이 얼마나 많은 탑재체(payload)를 목표로 하는 지점까지 운반할 수 있는지를 나타낸다.

- **왕복동 엔진:** 내연 기관의 한 종류로 연소 과정에서 발생한 가스가 피스톤을 왕복 운동시키고, 왕복 운동은 기계적인 장치를 통해 회전 운동으로 전환된다.

- **가스터빈 엔진:** 내연 기관의 한 종류로, 회전 운동 에너지를 생산하기 위해 내부에 가스터빈을 장착한 엔진을 의미한다.

- **ICAO(International Civil Aviation Organization, 국제민간항공기구):** UN의 전문 기구 중의 하나로 국제적인 항법에 대한 원리와 기술을 명문화하고 안전하고 지속적인 발전이 되도록 국제 항공 운송을 계획하고 발전시키는 기능을 하는 기구이다. 본부는 캐나다 몬트리올에 있으며 1947년 4월에 설립되어 활동하고 있다.

- **탑재체(payload):** 발사체가 목적지에 이동시키고자 하는 목표물이다. 탑재체의 종류에 따라 발사체의 종류가 달라지는데, 우주 공간에 인공위성이나 우주 비행체와 같은 특수 임무를 수행하는 탑재체를 운반하는 발사체를 우주 발사체, 인명이나 시설의 파괴 및 살상을 목적으로 하는 탑재체를 운반하는 발사체를 미사일로 구분한다.

4. 물리학

- **보존력:** 힘이 위치 에너지로 표현될 때 그 힘을 보존력이라 한다.

- **만유인력:** 질량을 갖는 두 물질에는 서로 끌어당기는 힘이 작용한다. 이 힘을 만유인력이라 한다.

- **토크:** 기준점으로부터 작용력까지의 거리 벡터와 작용력의 외적(vector product)으로 정의한다.

- **전기장:** 전하 주위의 어떤 지점에 전기장이 있다고 말하고, 이 지점에 임의의 전하 q가 있게 된다면 이 전하는 힘을 받게 된다.

- **전자기파:** 물질로부터 방출되기도 하고 물질 속으로 흡수되기도 하는 전기장과 자기장의 에너지이다. 간섭과 회절 현상을 발생시킬 때는 파동으로 행동하고, 광전 효과를 발생시킬 때는 입자로 행동한다.

- **파장:** 사인형 파동에서 위상이 같은 두 점 사이의 최소 거리이다.

- **이상기체:** 기체를 구성하는 입자들이 위치 에너지를 갖지 않고 운동 에너지만 갖는 기체이다.

- **열역학 제1법칙:** 고립계의 에너지는 보존된다는 법칙이다.

- **에너지준위:** 원자 속의 전자와 같은 미시입자가 가질 가능성이 있는 불연속적으로 주어지는 에너지 값들이다.

관성좌표계: 정지하거나 등속도 운동을 하는 좌표계 즉 가속도가 없는 좌표계이다.

핵융합: 높은 온도에서 원자핵과 원자핵이 융합되면서 질량 결손이 발생하고 아인슈타인의 상대성 이론에 의해서 질량 결손만큼 에너지가 발생하는 현상이다.

5. 수학

미분: 어떤 함수의 미분 계수를 구하는 것을 말한다.

적분: 어떤 함수가 주어졌을 때, 그 함수를 미분하면 그 주어진 함수가 되는 함수를 말한다.

유클리드(Euclid) 원론: 공리적 방법으로 기하 관련 명제들을 집대성한 최초의 저서이다.

과학혁명: 토마스 쿤이 처음으로 사용한 단어로 어떠한 한 학문 분야의 지배적이었던 하나의 패러다임이 예전의 것과는 전혀 다른 새로운 패러다임으로 대체되는 과정을 말한다.

파피루스: 지중해 연안의 습지에서 자라는 사초과의 다년생 초목이다. 파피루스는 종이의 원료로도 사용되며 고대 이집트에서 사용한 가장 오래된 종이이기도 하다.

정수론: 수의 성질을 연구의 대상으로 하며 대수학 중에서 가장 역사가 오래된 학문 분야이다.

6. 생물학

유전암호: 유전물질 속에 암호화되어 있는 정보가 단백질로 번역되는 규칙이다. 유전암호는 64개의 3자 뉴클레오티드(triplet, 3자 암호)로 구성되어 있다. 이 3자 암호를 코돈(codon)이라 부른다. 이중에서 3개를 제외하고, 각 코돈은 20종류의 아미노산 중 하나를 지정한다. 대부분의 아미노산은 하나 이상의 코돈에 의해서 암호화되어 있다.

이명법: 린네에 의해서 확립된 생물의 학명에 대한 명명법으로 생물의 속명과 종명을 나란히 쓰고, 그 뒤에 학명을 처음 지은 사람의 이름을 붙인다. 속명과 종명은 이탤릭체로 쓰고 명명자의 이름은 정체로 쓴다.

동일과정설(uniformitarianism): 오늘날 지구에 작용하고 있는 자연법칙과 자연 과정이 과거에도 똑같이 항상 작용했고, 우주 어디서나 적용된다고 가정한다. 동일과정설은 18세기 후반, 영국의 박물학자인 제임스 허턴에서 시작해서, 찰스 라이엘의 〈지질학원리(Principles of Geology)〉를 통해 보편화되었다. 동일과정설은 지구가 일련의 갑작스럽고, 순간적인 엄청난 사건에 의해서 형성되었다는 격변설(catastrophism)에 반대되는 개념이다.

가설(hypothesis): 어떤 현상에 대한 잠정적인 설명이다. 즉, 어떤 문제에 대해서 그 타당성을 입증하기 전에 잠정적으로 설정한 해답이다.

종분화(speciation): 새로운 생물 종이 발생하는 진화적 과정이다.

현대종합설(modern synthesis): 20세기 초반 여러 분야의 연구 결과, 진화에 대한 다윈의 이론과 유전에 대한 멘델의 법칙이 서로 모순되지 않고, 종합될 수 있다는 것이 밝혀졌다. 1942년에 발행된 헉슬리의 〈진화: 현대종합(Evolution: The Modern Synthesis)〉에서 이 용어가 처음 사용되었다.

7. 화학

연금술: 철이나 구리, 납 따위의 비금속(卑金屬)을 금이나 은 같은 귀금속으로 변화시키고, 늙지 않고 오래 사는 약을 만들려고 하던 화학 기술이다. 고대 이집트에서 시작되어 중세 시대에 유럽으로 퍼졌다.

주기율표: 러시아의 드미트리 멘델레예프가 처음 제안했다. 1913년 헨리 모즐리는 멘델레예프의 주기율표를 개량해 원자 번호 순으로 배열했는데, 이는 현대의 원소 주기율표와 유사하다. 가장 많이 쓰이는 주기율표에는 단주기형과 장주기형이 있다. 단주기형 주기율표는 1주기와 3주기를 기준으로 하고, 4주기 아래로는 전형원소와 전이원소가 같은 칸에 있다. 이 단주기형 주기율표는 초기에 쓴 모델로 원자가 많이 알려지지 않았을 때 많이 사용하였다. 장주기형 주기율표는 현재 가장 많이 쓰고 있는 주기율표이다.

임계점(critical point): 한 물질의 임계점은 그 물질의 액체–증기상 경계가 소멸되는 압력 Pc와 온도 Tc를 말한다. 임계 온도 이하에서는 액체가 존재하지 않으며 액체를 밀폐된 용기에 넣고 임계 온도 이상으로 가열하면 두 상 사이의 물리적 표면이 없어진다.

끓는점(boiling point): 한 물질의 끓는점은 그 증기 압력이 주위의 압력과 같게 되는 온도이다. 정상 끓는점은 증기 압력이 1기압과 같게 되는 액체의 온도이다.

녹는점(melting point): 한 물질의 고체상과 액체상이 주어진 압력에서 평형을 이루게 되는 온도를 그 물질의 녹는점(또는 녹는 온도)이라 한다. 압력이 1기압일 때의 녹는 온도를 정상 녹는점이라 한다.

궤도함수: 원자핵(原子核)이나 분자 내의 핵 주위에 있는 2개의 전자를 수리적으로 표현하는 파동 함수이다.

삼중점(triple point): 한 물질의 삼중점은 세 개의 상이 서로 평형을 이루는 상평형 도표상의 점이다. 예로써 물의 상평형 도표에서는 얼음, 물 및 증기가 서로 평형을 이루는 점이다.

pH: 용액 속의 수소 이온 농도(the power of hydrogen)의 음의 역수를 상용로그로 나타낸 값으로, 중성의 경우 약 7, 산성인 경우 1~7 이하, 염기성인 경우 7 이상~14까지로 나타낼 수 있다.

8. 해양학

환류(gyre): 연속적으로 되돌아 흐르는 해수의 대규모 순환을 말한다.

열염순환(thermohaline circulation): 수온과 염분에 의해 결정되는, 밀도 차에 의한 해류의 순환을 말한다. 또한 심층순환(深層循環)이라고도 한다.

쓰나미(tsunami): 바다 밑에서 일어나는 지진이나 화산 폭발 때문에 해수면이 교란되어 발생하는 큰 파도를 말하며 지진 해일이라고도 한다.

판구조론(plate tectonics): 지구 표면이 얇은 판으로 이루어져 있고, 이 판들의 상호 작용으로 화산, 지진이 발생하거나 새로운 암권이 형성된다는 이론이다.

플랑크톤(plankton): 물에 떠 있는 생물, 즉 부유하며 물결 따라 흘러 다니는 표류 생물(drifter 또는 wanderer)을 말한다.

9. 식품공학

상업적 살균: 제품을 가열 살균할 때, 품질을 유지하기 위해 식중독균과 부패 미생물만을 지표 미생물로 하여 사멸하는 방법으로 제품의 저장과 유통에는 영향을 미치지 않는다.

뉴턴 유체(newtonian fluid): 전단속도에 관계없이 일정한 점성을 나타내는 유체를 말한다. 전단속도와 전단응력은 원점을 지나는 직선 그래프로 나타나고, 그 기울기로 점도를 알 수 있다.

비뉴턴 유체(non-newtonian fluid): 전단속도의 크기에 따라 점성이 변화하는 유체를 말한다. 전단속도와 전단응력이 비례하지 않는다.

난류(turbulent flow): 물체의 움직임이 불규칙하고 비정상성을 가지는 것을 말한다. 레이놀드 수(reynold number)가 약 4,000 이상이면 난류라고 한다.

겉보기 점도: 비뉴턴 유체에서 전단응력과 전단속도의 비를 나타내는 값으로, 대부분 전단속도가 커지면 겉보기점도가 작아진다.

잠열: 물체가 증발, 융해, 응축 등으로 상태가 변하면서 온도가 변하지 않을 때에 흡수하거나 방출하는 열을 말한다.

항률건조 기간: 건조 속도가 일정한 건조 기간을 의미하며, 수분을 많이 함유하고 있는 물질에서 표면의 수분이 증발하는 속도보다 내부에서 표면으로 수분이 확산되는 속도가 빠르거나 같을 때 일어난다.

감율건조 기간: 내부에서 표면으로 수분이 확산되는 속도보다 표면에서 수분이 증발하는 속도가 빨라 건조 속도가 낮아지는 기간이다.

층류(laminar flow): 유체 분자가 평행한 층을 이루어 규칙적으로 일정하게 흘러 평행한 층이 깨지지 않는 것이다. 레이놀드 수가 약 2,100 이하인 것을 층류라고 한다.

항복응력: 물체에 가해지는 응력이 일정 크기 이상이 되면 원래의 모양으로 되돌아가지 않고 변형이 되는데, 이때의 응력을 말한다.

냉동부하: 식품을 냉동시킬 때 냉동 온도까지 내리는 데 필요한 제거 열량을 의미하며 느낌열, 잠열, 작업원, 전등의 열 등을 모두 합한 것이다.

10. 경제학

가설: 분석의 결과로서 얻어지는 명제를 뜻하는데, 조건부적인 예측의 형태를 갖는 경우가 많다.

가정: 어떤 것에 대해 분명하게 잘 모를 경우에 이러이러할 것이라고 일단 인정하는 것을 의미한다.

변수: 여러 가지 다른 값을 취할 수 있는 수를 말한다.

상품: 시장에서 개인 또는 단체 간에 교환 및 사고파는 것을 목적으로 하는 모든 물건을 총칭한다.

11. 인문 과학

❶ 철학

철학: 철학은 자기 자신의 앎의 문제를 탐구하는 사유의 학문이자 우주의 근원을 탐구하는 종합적인 학문이다.

철학의 동기(動機): 철학을 하는 동기는 여러 가지가 있다. 사람의 신변, 자연의 변화, 지진, 일월, 성신 등 신기한 것이나 이상한 데서 생기는 경이(驚異), 외경이나 숭고한 물건에서 생기는 놀람에서부터 철학을 하게 되는 것이다.

로고스(Logos): 원래 레게인(Legein, 센다, 모은다, 배열한다, 말한다의 뜻을 지닌 말)이라는 동사에서 전환된 명사로서, 말·생각·사유·사고·논리라는 뜻 외에도 개념·판단·정의(定義)·이유·이성·진리·사상·법칙·이론·학문 등의 뜻을 지니고 있다. 그리스의 철학자 헤라클레이토스는 만물이 유전하는 법칙을 로고스라 하였다. 즉 논리학은 로고스의 학문이라고도 말할 수 있다.

브라마니즘(Brahmanism): 인도 고대의 정통 사상이다. 인도교(힌두교)의 전신으로 여러 복잡한 민간 신앙을 흡수하여 발전하였다.

❷ 역사학

사료(史料): 역사를 고찰하는데 있어서 단서가 되는 자료로 문자로 쓴 문헌이나, 고고학 상의 유구(遺構)·유물·유적, 회화, 사진, 구술 역사(oral history), 전승 등을 포함한다. 역사가가 역사를 연구 기술할 때에 이용하는 모든 것이 사료이다. 사료는 제1차 사료와 제2차 사료로 구분한다. 제1차 사료라 함은 원서를 말하는 것으로, 〈삼국사기〉나 〈고려사〉 등이 이에 속하며, 제2차 사료라 함은 원서를 전재한 것으로, 〈동국통감〉이나 〈동국문헌비고〉 등이 이에 속한다. 사료를 수집하면 그것을 통해 얻을 수 있는 사실의 진위를 확인하지 않으면 안 된다. 이것을 사료의 비판 또는 사료의 고증이라 한다.

사실(史實): 역사로 후세에 남길 만한 일이 사실(事實)이다. 현재성을 바탕으로 한 사실(史實)의 선택과 해석은 궁극적으로 그 사실(史實)의 객관적 진실에 접근해 가는 일이며, 그것이 추구하는 방향은 인간 조건의 개선, 역사 주체의 확대, 복지사회의 추구, 이상 사회의 실현으로 연결되고, 여기에 역사의 현재성이 갖는 또 하나의 의미가 있다.

역사관(歷史觀): 한 개인이나 집단이 역사를 바라보고 해석하며 평가하는 사고방식 혹은 신념 체제이다. 개인이나 집단이 세계관, 가치관, 계급적 이해관계, 정치의식, 민족의식 등 일정한 사회적 입장과 계급성이 하나의 논리적 인식의 체계, 사상 구조를 갖춘 것으로, 사관(史觀)이라고도 부른다.

역사의식(歷史意識): 사람들이 그들의 시간적·공간적 차원에서 가지는 존재론적 자아의식이다. 즉 인간 개개인 하나하나가 따로따로 동떨어진 존재들이 아니라 시간적으로나 공간적으로 서로 연결된 고리들 중의 한 고리로 존재한다는 결속의식, 혹은 뿌리의식을 의미한다. 역사의식은 인간의 역사적 자각으로서 주체적 실천의식을 바탕으로 하기 때문에 '위기의식(危機意識)'이라고도 칭한다.

❸ 심리학

내성법(內省法, introspection): 자신의 정신적·심리적 상태나 기능을 스스로 관찰하여 보고한 자료를 분석하는 방법이다.

실험심리학: 1879년 심리학의 아버지인 빌헬름 분트가 독일의 대학에 심리학 실험실을 만든 것이 시작이며, 과학으로서의 심리학 역사의 시작이라고 볼 수 있다.

인지(認知, cognition): 정보를 획득하고 파지하고 활용하는 것이다. 인지의 본질은 판단이며 판단을 통해 어떤 대상은 다른 대상과 구별되고, 그것이 어떤 한 개념 또는 몇 가지 개념에 의해 특징지어 지는지를 규정한다.

심리 측정(psychometric): 인간의 심리적 속성을 체계적이고 수량적으로 측정하는 학문이다. 즉, 검사를 해서 측정대상이 심리적 속성과 관련된 행동을 얼마나 많이 보이는지 수치로 나타낸 것을 체계적으로 연구하는 학문을 뜻한다.

생물심리학/생리심리학: 생물심리학은 생물학적인 배경을 가지고 심리학의 주제에 접근하는 분야를 말한다. 다시 말해, 행동의 생물학적인 기초인 행동과 경험의 생리적·진화적 및 발달적 메커니즘에 관한 연구를 하는 학문 분야이다. 생리심리학은 유기체의 심리적 현상을 생리학적으로 해석·

연구하는 심리학의 한 분야이다. 구체적으로 인간의 행동과 정신 과정을 신경계와 내분비계에 근거하여 이해하려는 분야이다.

동기심리학/정서심리학: 동기심리학은 사람이 어떤 행동을 하게 되는 의지를 불러일으키는 원인이 되는 동기(motivation)의 작용과 메커니즘을 연구하는 분야다. 정서심리학은 정서를 어떻게 다루어야 하는지, 자기 정체성을 창출하기 위해 정서를 이성과 어떻게 통합해야 하는지에 관한 연구를 하는 분야이다.

감각심리학/지각심리학: 감각심리학과 지각심리학은 인간의 뇌에 의하여 이루어지는 정보 처리 과정을 탐구하고 그 결과를 응용하는 학문이다. 그래서 지각과 감각 심리가 다루는 문제는 '어떻게 우리가 자각하지 못하는 과정을 통해 지각이 결정되는가', '어떤 물체를 지각하는 것과 재인(recognition)하는 것은 어떻게 다른가', '지각을 어떻게 측정할 것인가' 등과 같은 질문을 다룬다.

인지심리학/언어심리학: 인지심리학은 인간의 뇌에 의하여 이루어지는 주의, 지각, 기억, 언어 및 사고 등의 정보 처리 과정을 탐구하고 그 결과를 응용하는 분야이다. 언어심리학은 언어를 산출하고 이해하는 심리 과정을 탐구하는 분야이다.

사회심리학/문화심리학: 사회심리학은 개인과 개인, 개인과 사회가 서로 주고받는 영향과 과정을 과학적으로 연구한다. 문화심리학은 문화에 따라서 사람들이 보이는 행위와 심리의 차이를 비교 연구하고, 특정 사회에서 사람들의 심리가 지니는 문화적 특성을 이해하고자 하는 영역이다.

임상심리학: 임상심리학은 특정한 개인을 대상으로 하는 심리학으로서, 행동 장애자의 원인을 진단하고 치료하여 효율적인 사회생활을 할 수 있도록 도움을 주는 분야를 말한다.

상담심리학/심리치료학: 상담심리학은 카운슬러의 도움을 필요로 하는 사람에게 전문적 지식과 기능을 가지고 합리적이고 현실적이며 효율적인 행동 양식을 증진시키거나 의사 결정을 내릴 수 있도록 원조하는 분야이다. 심리치료학은 본질적으로 인격의 기능과 발달을 방해하는 병리적 과정을 제거, 수정, 억압할 목적으로 환자와 치료사 간의 관계를 통해 문제를 해결하는 분야이다.

산업심리학/조직심리학: 산업심리학은 산업장면에서의 종업원의 행동을 이해하고 여기서 밝혀진 원리를 실제의 문제 해결에 적용하는 분야이다. 조직심리학은 우리 삶의 일부이자 요람인 조직과 관련된 네 가지 요소인 조직, 사람, 일, 조직 환경을 과학적으로 연구하는 분야이다.

범죄심리학/법심리학: 범죄심리학은 범죄를 일으키는 범죄자의 특이한 성향이나 배경, 환경적 요인 등을 분석함으로써 범죄 예방이나 범죄 수사에 도움이 되게 하는 분야이다. 법심리학은 법의 집행과 교정에 중요하게 작용하는 심리적 요인에 대한 연구와 조언을 하는 분야이다.

Laboratory

참고 문헌

참고 사이트

- 네이버 지식백과
- 네이버 지식백과 (학문명백과, 형설출판사)
- 경제인문사회연구회
- 미래창조과학부
- 과학기술정책연구원
- 국가과학기술연구회
- 두산백과 – 연구소
- 한국천문연구원
- LG 사이언스랜드
- LG 창의탐험대

참고 도서

- 〈경제학원론』(4th ed.)〉 이준구,이창용 공저 , 박영사.
- 〈생명과학–역동적인 자연과학–〉, Russell 등저 / 홍영남 역, 라이프사이언스.
- 〈생각하는 수학-개념으로 읽는 수학역사〉, 야노 겐타로 저 / 정구영 역, 사이언스북스.
- 〈마이어스의 심리학 탐구〉, David G. Myers 저 / 민윤기,전우영,권선중 공역, 시그마프레스.
- 〈21세기 역사학 길잡이〉, 한국사학사학회, 경인문화사.
- 〈한국천문학회 장기발전 연구회 보고서〉, 한국천문학회 장기발전 연구회 공저(2013년)
- 〈서양철학 일반〉, 류명걸(1998년), 형설출판사.

통계자료

한국과학기술기획평가원 KISTEP, 통계브리프 한국과학기술, 2015년 제 6호.

10p
pixabay
https://pixabay.com/ko/%EC%9A%B0%EC%A3%BC
%EC%84%A0-%EC%8B%9C%EC%9E%91-%EC%A4
%80%EB%B9%84-nasa%EB%8A%94-%EC%97%AC
%ED%96%89-%EA%B3%ED%95%99-%EC%97
%B0%EA%B5%AC-2224932/

11p
연합뉴스
http://news.naver.com/main/read.nhn?mode=LSD&
mid=sec&sid1=101&oid=001&aid=0008487060

13p
동아사이언스 – KIST 제공
http://dongascience.donga.com/news/view/9486

22p
pixabay
https://pixabay.com/ko/%EB%B0%9C%EC%82%AC
-%ED%8C%A8%EB%93%9C-%EB%A1%9C%EC%B
C%93-%EB%B0%9C%EC%82%AC-%EB%B0%A4-
%EC%9A%B0%EC%A3%BC-%EC%99%95%EB%B3
%B5%EC%84%A0-%EA%B2%80%EC%83%89-nas
a-67650/

23p
그리니치 천문대 홈페이지
http://www.greenwichworldheritage.org/maritime-
greenwich/ouv/the-royal-observatory

24p
경향신문
http://news.naver.com/main/read.nhn?mode=LSD&
mid=sec&sid1=104&oid=032&aid=0002297870

25p
Linkedin
https://www.linkedin.com/jobs/view/355661997?tr
kInfo=searchKeywordString%3AGreat%2BWork%2C
searchLocationString%3ARockville%252C%2BMD%
2Cvertical%3Ajobs%2CpageNum%3A3%2Cposition-
%3A25%2CMSRPsearchId%3A8fa1a400-1c5f-47e9-
979d-f4acae579d98&refId=8fa1a400-1c5f-47e9-
979d-f4acae579d98&trk=jobs_jserp_job_listing_text

25p
연합뉴스
http://news.naver.com/main/read.nhn?mode=LSD&
mid=sec&sid1=104&oid=001&aid=0002585536

28p
KIST 홈페이지

https://gn.kist.re.kr:1443/handler/gn_new/Index#

29p
KBSI 홈페이지
http://www.kbsi.re.kr/

30p
시사저널 – 국가핵융합연구소 제공
http://www.sisapress.com/journal/article/142157

30p
한겨레 – 한국천문연구원 제공
http://www.hani.co.kr/arti/science/
kistiscience/470249.html

31p
KISTI 홈페이지
www.kisti.re.kr

32p
전자신문
http://www.etnews.com/200701030078

32p
경희대학교 미술대학 블로그
https://khufineart.wordpress.com/2013/03/26/%E
D%95%9C%EA%B5%AD-%ED%95%9C%EC%9D%
98%ED%95%99%EC%97%B0%EA%B5%AC%EC%
9B%90-%EB%B2%BD%ED%99%94%EA%BD%83%E
B%8C%B4%EC%9E%A5%EB%B6%80%EB%8F%84-
%EC%99%84%EC%84%B1/

33p
개인 블로그
http://wibuy.egloos.com/m/2093122

34p
ETRI 홈페이지
https://www.etri.re.kr/40th/sub03_6.html

34p
kict 홈페이지
https://www.kict.re.kr/050102/view/page/2/id/10883

35p
건설기술
http://www.ctman.kr/news/7359

36p
가스신문
https://www.gasnews.com/news/articleView.
html?idxno=76732

36p
친환경매거진
http://www.digitalorganic.net/bbs/board.php?bo_
table=news&wr_id=3915&page=

37p
아시아타임즈
http://www.asiatime.co.kr/news/articleView.
html?idxno=125052

38p
대전일보 – 한국지질자원연구원 제공
http://www.daejonilbo.com/news/newsitem.asp?pk_
no=1057532

39p
연합뉴스
http://www.yonhapnews.co.kr/bulletin/2016/08/30/
0200000000AKR20160830129300052.HTML

39p
한국항공우주연구원
http://image.kari.re.kr/renew/asp/sub09/photoView.
asp?page_num=3101&menu_seqn=1&photo_seqn=
575&page=1&bbs_gubun=13&menu_depth=&firstIdx
=0

40p
tong – 중앙포토
http://tong.joins.com/archives/13351

41p
한국전기연구원 홈페이지
http://www.keri.re.kr/_prog/_board/?code=sub060
1&mode=V&no=5695&upr_ntt_no=5695&site_dvs_
cd=kr&menu_dvs_cd=0601

41p
연합뉴스
http://www.dt.co.kr/contents.html?article_
no=2011010402010322752077

42p
과학기술연합대학원대학교 홈페이지
https://www.ust.ac.kr/cop/bbs/BBSMSTR_000000
000485/selectBoardArticle.do?nttId=19954

42p
프레시안
http://www.pressian.com/news/article.html?no=14
9268

47p
한국개발연구원 홈페이지
www.kdi.re.kr

67p
pixabay
https://pixabay.com/ko/%EB%A1%9C%EB%B4%87-
%EC%B0%BD-%EA%B3%A0-%EB%82%98%EB%AC
%B4-2363400/

68p
뉴시스
http://news.naver.com/main/read.nhn?mode=LSD&
mid=sec&sid1=105&oid=003&aid=0002532693

70p
pixabay
https://pixabay.com/ko/%EB%B3%B4%EB%93%9C-
%EC%96%BC%EA%B5%B4-%EC%A7%84-%EC%BD
%94%EB%93%9C-%EA%B0%9C%EC%9D%B8-%EC
%A0%95%EB%B3%B4-%EB%B3%B4%ED%98%B8-
%EC%A0%95%EC%B1%85-%EB%A1%9C%EB%B4%
87-%EC%8B%B8%EC%9D%B4-%EB%B3%B4-%EA
%B7%B8-2181407/

71p
pixabay
https://pixabay.com/ko/%EB%B3%B4%EB%93%9C-
%EB%94%94%EC%A7%80%ED%84%B8%ED%99%9
4-%ED%9A%8C%EB%A1%9C-%EC%A0%9C%EC%9
6%B4-%EC%84%BC%ED%84%B0-%EA%B8%B0%E
C%97%85%EA%B0%80-%EC%8B%9C%EC%9E%91
-%EC%8B%9C%EB%8F%99-%EA%B2%BD%EB%A0
%A5-2528407/

72p
pixabay
https://pixabay.com/ko/%EC%A0%95%EB%B3%B4
%ED%95%99-%EB%A1%9C%EB%B4%87-%EB%A1
%9C%EB%B3%B4-%EC%BB%B5-%EC%9D%B8%E
A%B3%B5-%EB%91%90%EB%87%8C-%ED%95%9
9-humanoides-%EB%AF%B8%EB%9E%98-40042
8/

75p
한국민족문화대백과
http://terms.naver.com/entry.nhn?docId=525177&cid
=46637&categoryId=46637

75p
pixabay
https://pixabay.com/ko/%EB%A7%9D%EC%9B%9
0%

EA%B2%BD-%EC%A0%84%EB%A7%9D%EB%8C%8
0-%EB%A7%A5%EB%8F%84%EB%82%A0%EB%93
%9C-%EC%A0%84%EB%A7%9D%EB%8C%80-%EC
%B2%9C%EB%AC%B8%ED%95%99-%EA%B3%BC%
ED%95%99-%EC%B2%9C%EB%AC%B8-%EA%B3%
B5%EA%B0%84-1343994/

75p
연합뉴스
http://news.naver.com/main/read.nhn?mode=LSD&
mid=sec&sid1=103&oid=001&aid=0009364491

86p
한국항공우주연구원
www.kari.re.kr

88p
pixabay
https://pixabay.com/ko/%EA%B3%BC%ED%95%99-
%EC%9E%A5%EB%B9%84-%EB%AC%BC%EB%A6%
AC%ED%95%99%EC%9E%90-%EB%B0%A9-%EC%
96%91%EC%A0%84%EC%9E%90-%EC%8B%A4%ED
%97%98-%EB%AC%BC%EB%A6%AC%ED%95%99-
%EC%97%90%EB%84%88%EC%A7%80-%EC%97%B
0%EA%B5%AC-2040795/

89p
pixabay
https://pixabay.com/ko/%EB%B0%B0%EB%84%88-
%ED%97%A4%EB%8D%94-%EC%88%98%ED%95%9
9-%EC%88%98%ED%8B%9D-%EB%AC%BC%EB%A
6%AC%ED%95%99-%ED%95%99%EA%B5%90-%EA
%B3%84%EC%82%B0-%EC%9E%90%EC%84%B8%E
D%9E%88-%EB%BF%8C%EB%A6%AC-982162/

94p
naver 지식백과
http://terms.naver.com/entry.nhn?docId=2073285&c
id=44411&categoryId=44411

94p
pixabay
https://pixabay.com/ko/%EC%9E%90%EC%84%B8%
ED%9E%88-%ED%95%99%EA%B5%90-%ED%95%9
9%EC%83%9D-%EC%88%98%ED%95%99-%EB%AC
%BC%EB%A6%AC%ED%95%99-%EA%B5%90%EC%
9C%A1-%ED%8C%90-pi-%EC%A7%80%EB%A6%8
4-1996843/

96p
NAVER 지식백과
http://terms.naver.com/entry.nhn?docId=3353500&
cid=47305&categoryId=47305

100p
국립과학수사연구원 홈페이지
http://www.nfs.go.kr/

110p
naver 지식백과
http://terms.naver.com/entry.nhn?docId=3389409&c
id=47337&categoryId=47337

113p
전자신문
http://news.naver.com/main/read.nhn?mode=LSD&
mid=sec&sid1=105&oid=030&aid=0002291154

115p
pixabay
https://pixabay.com/en/sea-ocean-water-light-
diver-79606/

120p
시사매거진
http://www.sisamagazine.co.kr/news/articleView.
html?idxno=8752

120p
해양생물기술연구소
http://marine.mobilenamu.com/subpage/research/
research_03.asp

121p
국립해양조사원
http://www.khoa.go.kr/kcom/cnt/selectContentsPag
e.do?cntId=53104000

125p
CNB 뉴스
http://www.cnbnews.com/news/article.html?no=308
324

126p
출처: 아시아타임즈
http://www.asiatime.co.kr/news/articleView.html?id
xno=133002

131p
연합뉴스
http://www.yonhapnews.co.kr/bulletin/2017/01/04/0
200000000AKR20170104143200054.HTML

144p
naver 지식백과
http://terms.naver.com/entry.nhn?docId=2073281&ci
d=44411&categoryId=44411

10대를 위한
직장의 세계 **4** 연구소

초판 1쇄 발행   2018년 7월 25일

저   자 │ 스토리텔링연구소
발 행 인 │ 신재석
발 행 처 │ (주)삼양미디어
등록번호 │ 제10-2285호
주   소 │ 서울시 마포구 양화로 6길 9-28
전   화 │ 02-335-3030
팩   스 │ 02-335-2070
홈페이지 │ www.samyang𝓜.com
I S B N │ 978-89-5897-358-4(44370)
          978-89-5897-355-3(44370)(6권 세트)